観光地
経営人材育成
ハンドブック

観光地を経営するために
まず理解すべきこと

山田 浩久 著

海青社

はじめに

2023年3月、観光庁は、『**ポストコロナ時代における観光人材育成ガイドライン**』(以下、ガイドライン)を発表しました。観光は成長戦略の柱であり、地域活性化の切り札であるにも関わらず、宿泊業をはじめとする観光産業は、企業的経営視点の不足、DX化の遅れ等に伴う収益性・生産性の低さ、これに起因する長時間労働と低い賃金水準、高い離職率など、構造的な課題を抱えています。本ガイドラインは、こうした現状を鑑み、2022年9月に設置された「ポストコロナ時代を支える観光人材育成に向けた産学連携協議会」において検討された結果を取りまとめたものです。そこでは、DXの進展やCOVID-19のパンデミックを経た人々の意識や態度の変化を機に生じている人材育成の機運を活かして、観光産業の構造的な課題を解決する能力を有し、持続可能な観光に向けた取組を牽引できる多様な人材を産学官が連携して強力に推進していく必要性が説かれています。

本書は、ガイドラインに記された「各教育機関(大学・専門学校等)は、本ガイドラインで示した内容をカリキュラムに反映し、観光人材育成の取組を継続的に実施し、発展させていくことが求められる」という指摘に対応し、構成、執筆されたものです。なお、ガイドラインでは、観光人材を、観光地全体の経営、観光地域づくりを担う「観光地経営人材」と当該観光地における個々の事業経営を担う「観光産業人材」に分けていますが、本書は、リカレント教育を前提に、前者の「観光地経営人材」の育成を目的にしています。

ガイドラインでは、「観光地経営人材に求められる知識・技能」として、① 観光地経営戦略、② 現代の観光地経営の動向、③ 観光地経営組織マネジメント、④ 観光地マーケティング、⑤ 地域観光のイノベーションと観光DX、⑥ 観光地経営のアントレプレナーシップと事業開発、の6領域が挙げられています。各領域に示された「学ぶべき内容」を項目に分けて列挙してみると、領域単位ではまとまっていますが、1単元ごとに割り当てられる時間が決まっている講義の形式に当てはめると、分割あるいは統合が望ましい項目や、全体を通して勉強するのであれば、順番の入替が必要と思われる項目があることが分かりました(図1)。また、リカレント教育を前提に考えると、行政政策、関連法規、マーケティングを既に学んできた方々と現場で経験を積み重ねてきた方々とでは使用する教材を使い分けた方が効果的な講義を展開できるのではないかと考えました。

そこで、各項目の内容を、**観光地経営のために理解すべき理論**と**知らないと観光地経営ができない技能**に分け、それぞれ『理論編』と『技能編』として2冊の教科書を作成し、整理した項目に合わせて章立てしました。その『理論編』が本書となります。『技能編』については、現在作成中のため、各章の内容は今後若干変わるかもしれませんが、いずれも15章で構成されています。15章15単元としたのは、多くの大学で1講義が15回の授業で構成されているからです。

リカレント教育の実践プログラムは、単発、短期集中、調整しながらの不定期開催等、様々な様式で行われますし、設定する日数や時間も異なるので、場合によってはやむを得ず、いくつかの単元を割愛することもあるでしょう。そのため、必ずしも大学の講義のように15回という回数にとらわれる必要はありませんが、基本的に、大学の学年歴に合わせられる15単元にしておいた方が、学内の施設利用やスタッフの配置を調整しやすいはずです。もちろん、観光学部や観光学科が無い大学において、観光や観光地を総括的に理解するために必要な理論と技能を紹介する講義を行う場合にも、本書を活用することを念頭においています。リカレント教育とプロパー人材の育成は、併行して行うことで、より一層の効果をもたらすと考えています。

ガイドラインの内容

① 観光地経営戦略
1・地域の特性、課題、立地条件
2・地域における観光の役割と効果
3・観光地経営戦略ついての基礎的理解
4・観光地経営戦略を策定する手法
5・観光地経営戦略を実現のための組織づくり

② 現代の観光地経営の動向
6・持続可能な観光
7・グローバルな視点
8・観光の意義と将来性
9・地域の課題
10・観光形態の多様化
11・観光行政
12・観光関連法規

③ 観光地経営組織マネジメント
13・リーダーシップ論
14・ファシリテーション技法
15・組織行動論
16・危機管理
17・政策形成についての基礎的理解
18・社会的使命感、倫理観

④ 観光地マーケティング
19・データ・統計分析技法についての基礎的理解
20・プレイス・マーケティングの考え方
21・マーケティング分析
22・マーケティング手法

⑤ 地域観光のイノベーションと観光DX
23・デザイン思考についての体系的理解
24・地域観光のイノベーション
25・IT システムついての基礎的理解
26・観光DXについての基礎的理解
27・観光DXの実践・検証

⑥ 観光地経営のアントレプレナーシップと事業開発
28・アントレプレナーシップ
29・事業開発
30・総合的な実践力

本書の構成

理論編
1　地域における観光の役割と効果(2, 8)
2　観光地経営人材育成の必要性(3, 4, 5)
3　地域課題と観光(1, 3, 9)
4　観光地経営戦略の基礎的理解(3, 4)
5　インバウンド旅行者の増加(7, 19)
6　持続可能な観光(6, 7, 18)
7　観光形態の多様化(7, 10)
8　観光行政(11, 17)
9　観光関連法規(12, 17)
10　マーケティング・ミックス(21)
11　マーケティング分析(21)
12　プレイス・マーケティング(20)
13　プレイス・プロモーション(22)
14　観光イノベーション(18, 24, 29)
15　観光DX(26, 27)

技能編(仮)
1　デザイン思考(23)
2　リーダーシップ論(13)
3　ファシリテーション技法(14)
4　組織行動(15)
5　危機管理(16)
6　自己点検(13, 15, 16)
7　観光倫理(18)
8　マーケティング調査(19, 22)
9　マーケティング・オペレーション(22)
10　デジタル・マーケティング(22, 25, 26)
11　DMPの活用(19, 25, 27)
12　アントレプレナーシップ(28)
13　ブランディング(1, 20, 30)
14　DMOの役割(29, 30)
15　諸外国の事例(7, 10, 29, 30)

※括弧内の数字は「ガイドラインの内容」に示した数字に対応する。

図1　ガイドライン[1]の内容と本書の構成の対応

観光庁が、ガイドラインの公表に合わせ、2023年度事業の一つとして公募した「**ポストコロナ時代を支える観光人材育成事業**」の公募要領によれば、「求められる知識・技能①～⑥それぞれにおいて、大学の単位制度における1単位取得相当の学習時間を確保することを目安としてカリキュラムを構成すること」とあります。これに従うとすれば、例えば、筆者が所属する山形大学では、1単位分の授業時間は675分ですから、1項目に充てられる時間は、675分×6領域÷30項目＝135分となります。おそらく構成は、90分の座学＋45分のグループワークといったものになろうかと思われますが、理論編（135分×15回）、技能編（135分×15回）のプログラムをいっぺんに実施するのは現実的ではありません。時期をずらして実施するか、短期集中で1日3～4講義×4日×2プログラムといった様式になると思います。

受講者側から見れば、6単位分の講義を本業や本務を行いながら受講するのは、かなり大変です。しかし、ガイドラインの内容を独学で勉強しようとすれば、少なく見積もっても20冊以上の教科書を読みこなす必要がありますし、何をどこまで掘り下げればいいのかという「勉強の深度」が分からないと、先に進むことができなくなります。こうしたリカレント教育の無限ループに陥らないためにも、まずは、本書の1単元、ひとまずそこに書かれている内容を理解できたら、次の単元に進むという感じで、15章まで読み切ることを目標としてください。

本書の使い方ですが、各単元とも、導入＋4トピック＋ワークシートで構成され、トピックは見開きの図解にしてあります。6ページ目のワークシートの前半は可能な限り本文を読むと書ける質問にしていますが、自分で調べないといけないものもあります。後半はグループワークに備える内容になっていますので、本書を活用したプログラムに参加した際に、グループワークを行いながら記入してください。

本書での学習を通じて、一人でも多くの人が観光地経営に興味を持ち、観光地を牽引する意識を高めていくことを願っています。

2024年1月1日

山田　浩久

観光地経営人材育成ハンドブック｜理論編

観光地を経営するために
まず理解すべきこと

目 次

第1章　地域における観光の役割と効果

なぜ観光なのか

1935年に出版された辞苑(広辞苑の前身)[1]で「観光」を引くと、「他国の風光、状況、風俗などを視察すること」と書かれていますが、2018年に出版された広辞苑第7版[2]では、「他の土地を視察すること。また、その風光などを見物すること」と書かれています。しかし、観光政策審議会[3]は、1995年に、観光とは「余暇時間の中で、日常生活圏を離れて行う様々な活動であって、触れ合い、学び、遊ぶということを目的とするもの」と定義しました。また、世界観光機関(UN Tourism、旧UNWTO)[4]は、観光を「個人的あるいはビジネスや職業上の目的で、人々が普段の環境とは異なる国や場所に移動することを伴う社会的、文化的、経済的な現象」と説明しています[5]。

つまり、今日の「観光」は、人々の非日常的な移動全般を指すということです。そして、「観光」を推進すべき産業として考えるのであれば、そうした移動に加えて、それを発生させる事象やそれによって発生する事象に関わる産業は全て観光関連産業となります。これが、「観光」は経済効果が大きいと言われる所以です。一方で、産業分類に「観光産業」と呼ばれるカテゴリーが無いことからも分かるように、「観光」だけを扱う産業はありません。言い換えれば、多くの産業が人々の非日常的な移動と何らかの接点を見出すことで、観光関連産業として自社の経営戦略に「観光」を取り込み、新たな価値創出を試みることができます。世間で「観光産業」と呼ばれている産業は、こうした観光関連産業のことを指しており、本書でもその呼称を用いることとします。

「観光」は、地域再生を模索する自治体や地域アイデンティティが希薄化している住民にとっても、それぞれが抱える課題を解決するために必要な思考、ツールになります。「観光」の振興に不可欠な地域資源は、人口が多く経済的活性が高い地域ほど多いという訳ではありません。むしろ、「観光」に利活用できる自然環境は、人口が少なく経済的活性が低い地域ほど豊富です。また、地域資源は、観察、アイデア、イメージ、意識を工夫することで、再発見、再利用、創出することが可能です。その意味で、「観光」を考えるのは、地域に対して共通の課題を設定しやすい地方が適していると言えます。COVID-19のパンデミック期に確認されたように、人間の活動に移動は欠かせませんし、余暇の行動欲求は抑えることができません。変化を感知することや発想を転換させることができれば、観光産業は、需要を永続的に期待できる安定した産業と言えます。

「観光」の振興が国家戦略における重点課題になっているのは、日本が抱える大きな問題と今後の目指すべき方向性に関係しています。大きな問題とは少子高齢化であり、目指すべき方向性とは持続可能な成長です。いずれも十分に周知されている事柄だと思いますが、まずは経済波及効果の高い産業を育成しなければならず、その最も現実的な施策として観光政策が位置づけられています[6]。

「観光」の振興は、もはや個々の事業所だけの努力で達成できる事業目標ではなくなり、観光地あるいはそれを含む地域全体の経営戦略の中で論じられるテーマとなっています。そのため、組織としての団結や協力が大前提になります。観光地経営は、チームスポーツの育成に似ています。勝利するという共通の目標に向かって進むために、チームとしてどこを伸ばして、どこを補強しなければならないかを明らかにした上で、力量や体格が異なる個々の選手の特性に応じた役割とトレーニング方法を決め、チーム全体でセットプレーを完成させます。観光地経営も当該観光地が抱える問題を明らかにし、個々の事業所の個性と経営スキルを磨きながら、観光地の差別化を進めていくことが地域の活性化という勝利をもたらします。

1-1 少子高齢化と観光の関係

日本の人口ピラミッドは、終戦直後のベビーブームで生まれた団塊世代(第一次ベビーブーマー)と彼らの子供である団塊Jr世代(第二次ベビーブーマー)による突出に特徴があります。2020年国勢調査に基づく全国の人口ピラミッドを見ると、団塊世代が高齢者層に含まれ、高齢化が顕在していることが分かります(**図1-1a**)。一方で、第三次ベビーブームが発生しなかったことが、2000年代における少子化の始まりです。これは、女性の社会進出、景気の長期低迷、教育費の上昇、ライフスタイルの多様化、出産／子育て環境の未整備等によるものと考えられます。

しかしながら、少子高齢化の程度には地域差があります。2020年における東京都と山形県の人口ピラミッドを比較してみると、団塊世代と団塊Jr世代の凹凸が逆になっています。また、東京都は20歳代から急に膨らみが増すのに対し、山形県は若年層にくびれが観察されます(**図1-1b、c**)。少子高齢化の進行は、中央よりも地方において深刻です。

全国の人口ピラミッドとの比較から分かるように、人口移動による地方の人口減少は、団塊Jr世代において顕著ですが、それ以降も、20歳代の県外流出は続き、現在に至っています。東京都の凸部は、恒常的に彼らを受け入れてきた結果と言えます。20歳代の県外流出は、教育を終えた若者が県外で就職することによって発生します。次の時代を担う若者が県内に残らないことは、培ってきた文化の継承や新しい思考によるイノベーションにも影響を及ぼします。外の世界を見てみたいという若者の欲求や挑戦を抑えるべきではありませんが、県内での就職が叶わなかったという理由で流出してしまう若者に対して雇用機会を増やしていくことは、高齢者福祉、移住促進と共に、地方における最重要の政策課題と考えられます。

1-2 成長概念の変化

都市は人の集住地区と定義され、人の消費活動によって商業が発達します。商業発達は資本蓄積をもたらし、インフラが整備され、生活利便性が向上します。こうした都市の整備は、人口や資本のさらなる流入を招くため、都市は空間的に拡張され、機能的に高密度化されていきます。人口規模は都市規模と同義とされているのはこのためです。実際、人の活動をエネルギーにした都市成長は、地域内総所得の上昇をもたらしますし、華やかな景観となって現れます。このような都市成長を「都市の絶対的成長」と呼びます(**図1-2a**)。

しかしながら、今後の日本は、少子高齢化によって人口が減少します。現在においては、まだ大都市における人口減少は深刻なものではありませんが、全国人口が減少し続ければ、いずれは大都市においても絶対的成長を期待することは難しくなるでしょう。それどころか、人口の減少は消費活動や商業活動の低活性化を招き、地域内総所得を減少させ、華やかだった景観も寂しげな景観に変わっていくはずです。これが「都市の絶対的衰退」です(**図1-2b**)。

都市の絶対的衰退を回避するためには、人口が減少しても消費活動や商業活動の水準を維持し、地域内総所得を減少させない以下の3つの施策の選択、ないしは組み合わせが必要になります。1つ目は、人口1人当たりの所得(労働生産性)を上げることです。つまり、従前よりも高い賃金を得ることができる雇用の創出です。2つ目は、実質的な生産年齢を引き上げることです。人生100年と言われる時代にあって、リタイア後に再就職して働くことができる高齢者が増えれば、人口が減少しても働き手を確保することができます。そのためには、心身の健康を意識したQOL(Quality of Life)の向上が欠かせません。3つ目は、減少した常住人口分の消費活動を域外からの来訪者、つまりは旅行者に補ってもらうことです。このようにして達成される都市の成長を「都市の相対的成長」と呼び、日本ではそれが都市の持続可能な成長を意味します(**図1-2c**)。

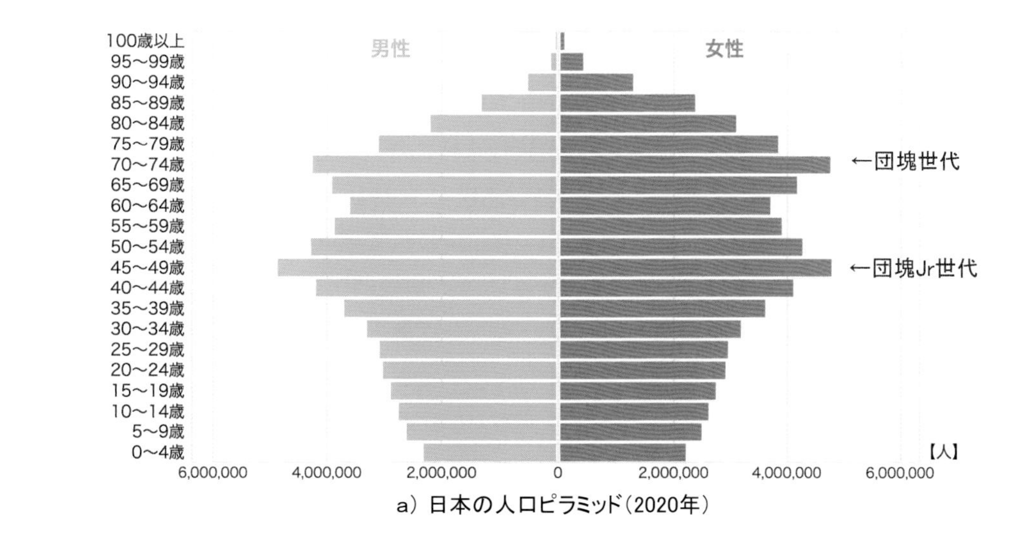

a）日本の人口ピラミッド（2020年）

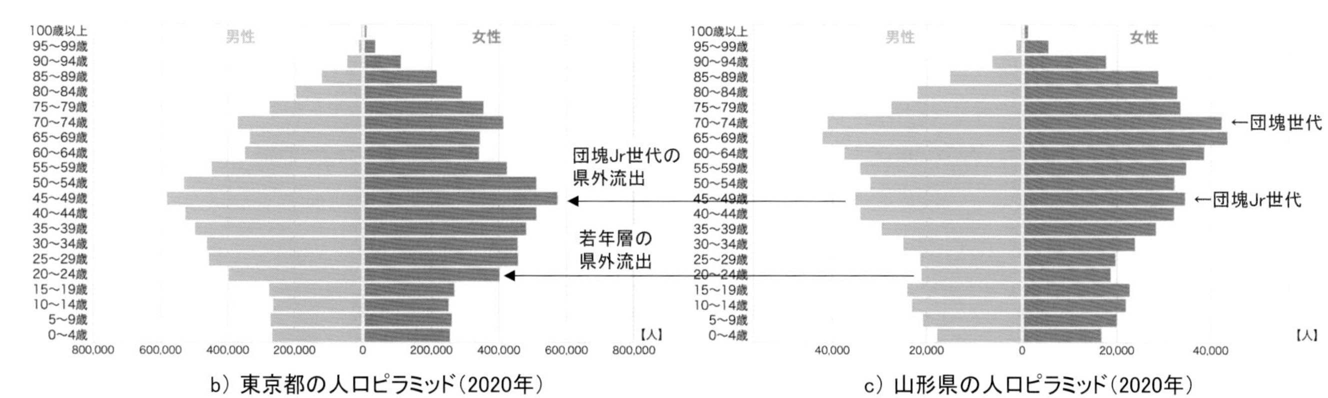

b）東京都の人口ピラミッド（2020年）　c）山形県の人口ピラミッド（2020年）

図1-1　少子高齢化の中で進む地方の人口減少

資料：総務省統計局「統計ダッシュボード」[7]

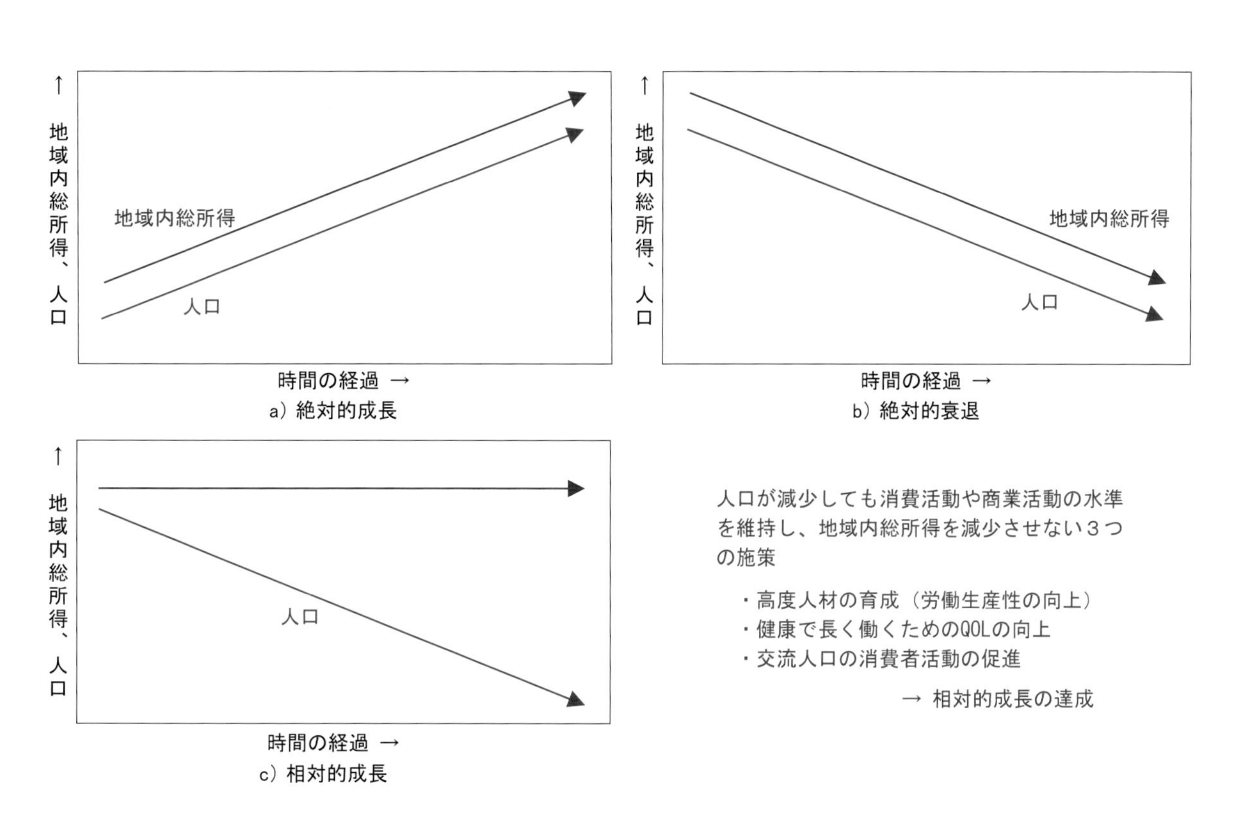

図1-2　人口と地域内総所得との関係

1-3 関係人口

関係人口とは、住居は域外に置くものの、当該地域に深い関心を持ち、地域の活動に積極的に関与しようとする来訪者を指します。一般に、会社の慰安旅行や研修等で訪れた「交流人口」の一部が当該地域に興味を持ち、再来訪(リピート)を重ねて「ファン人口」に変わり、ファン人口の一部が地域とのより深い関係を築こうとする「関係人口」に変わっていくと言われています(**図1-3**)。しかしながら、その後、関係人口の一部が定住に至るという希望的観測には、懐疑的にならざるをえません。「好き」という感覚がその地域をより知りたいという意識に変わることはあっても、そこから定住を決意するためには、クリアしなければならない現実的な問題が多すぎます。もちろん、関係人口の出現は地域にとっては歓迎すべき現象ですから、そのための施策は必要ですが、移住に関しては、一義的に観光と結びつけるのではなく、移住を考えるきっかけづくり程度の感覚で、いくつか挙げられる移住パターンの一つとして考える方が実状に合っています。

観光に捉われず、単純に地域活動への参与という観点から見れば、域内の小中学生、高校生に地域教育を徹底する方が関係人口の創出には効率的です。先に述べたように、地方では恒常的に20歳代の域外流出が発生しています。流出前の彼らに郷土愛や地域アイデンティティを植え付けることができれば、彼らは流出した時点から関係人口となります。彼らは、現地に宿泊場所(実家)を確保でき、年に数回現地を訪れます(帰省)。その都度、地域の活動に参与していれば、地域との関わり合いを維持することができます。また、山形県の場合、移住はUJターンによるものが圧倒的に多いので、彼らは移住候補者として考えることもできます。

1-4 観光の位置づけ

基本的に、**観光**は、旅行者と観光関連事業者がいれば成立し、当該地の観光資源(自然、文化、歴史、観光施設等)に規定されます。観光事業者は観光サービスに加えホスピタリティを提供し、旅行者はその対価を支払います(**図1-4**)。住民は観光活動を傍観するのが常でしたが、近年では、観光を成立させるアクターとして観光活動に参画することが多くなってきました。また、地方創生という国家戦略の下で、各自治体が観光に関与するようになり、交流人口の拡大を支援して、関係人口を創出し、それを雇用創出や経済的活性の維持に結びつける施策を展開しています。**地方創生**は、国連で採択されたSDGs、域内の経済循環を整えるLocal SDGsと共に、**持続可能な観光**を達成するために必要なビジョンを提供します。詳細は第6章の『持続可能な観光』で説明しますが、自然環境や文化遺産を直接的な原材料とする観光は、保全や保護をビジョンに据えるSDGsとの相性が良く、他産業を牽引する役割を担うことが期待されています。

観光庁(2019)[5]によれば、旅行者の購買行動によって増大する工業製品の需要に対応するため、化粧品メーカー、ヘルスケアメーカー、日用品メーカー等、非観光産業の投資が増加しています。観光庁が示したデータはCOVID-19のパンデミック前のものですが、パンデミック後に観光活動が再開し、旅行者の購買活動が活発化すると、それらのメーカーが製品を自ら販売するために観光市場に参入する可能性も指摘できます。域内外からの非観光産業の新規参入は観光市場を大きく変化させるでしょうが、それは観光の経済波及効果がそれだけ大きいことを意味しています。

最後に、遠方からの旅行者を招き入れ、彼らの様々なニーズに対応していくためには、スケールメリットを活かしたプロモーションと事業者間の連携、協力が必要で、観光の広域化は必須となります。必要に迫られた連携が域内の確執を緩め、結束力を高めるのは観光に限りませんが、観光の連携は分かりやすく、理解も得やすくなります。そのため、観光を中心に据えると地域内をまとめやすくなりますし、他地域との連帯も進めやすくなります。

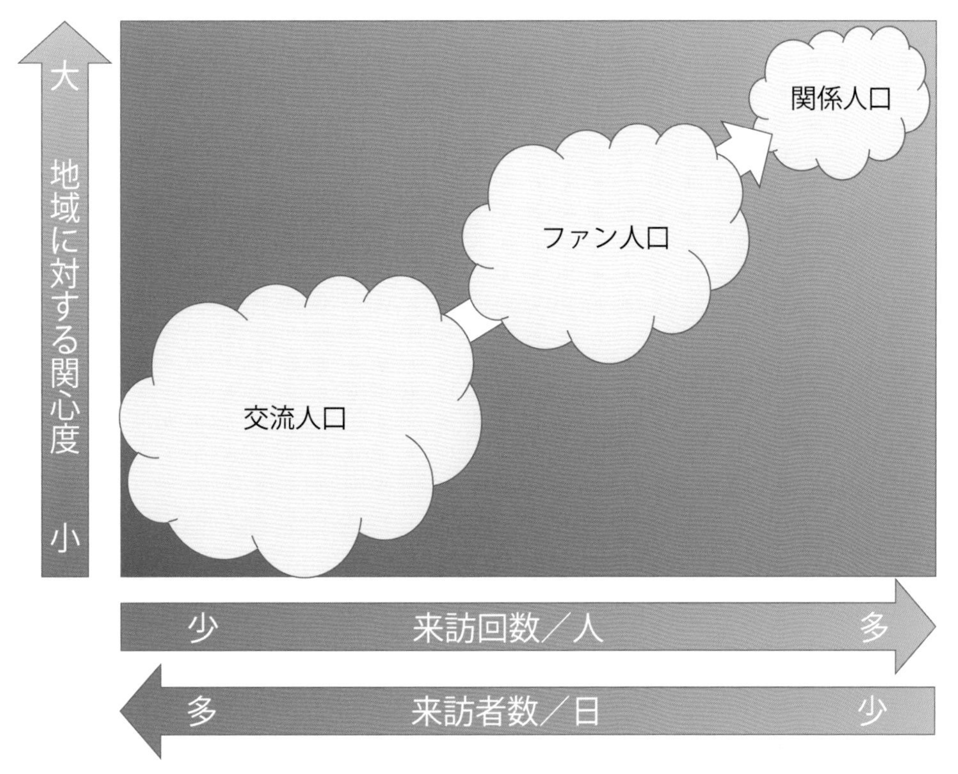

図 1-3　関係人口創出のプロセス

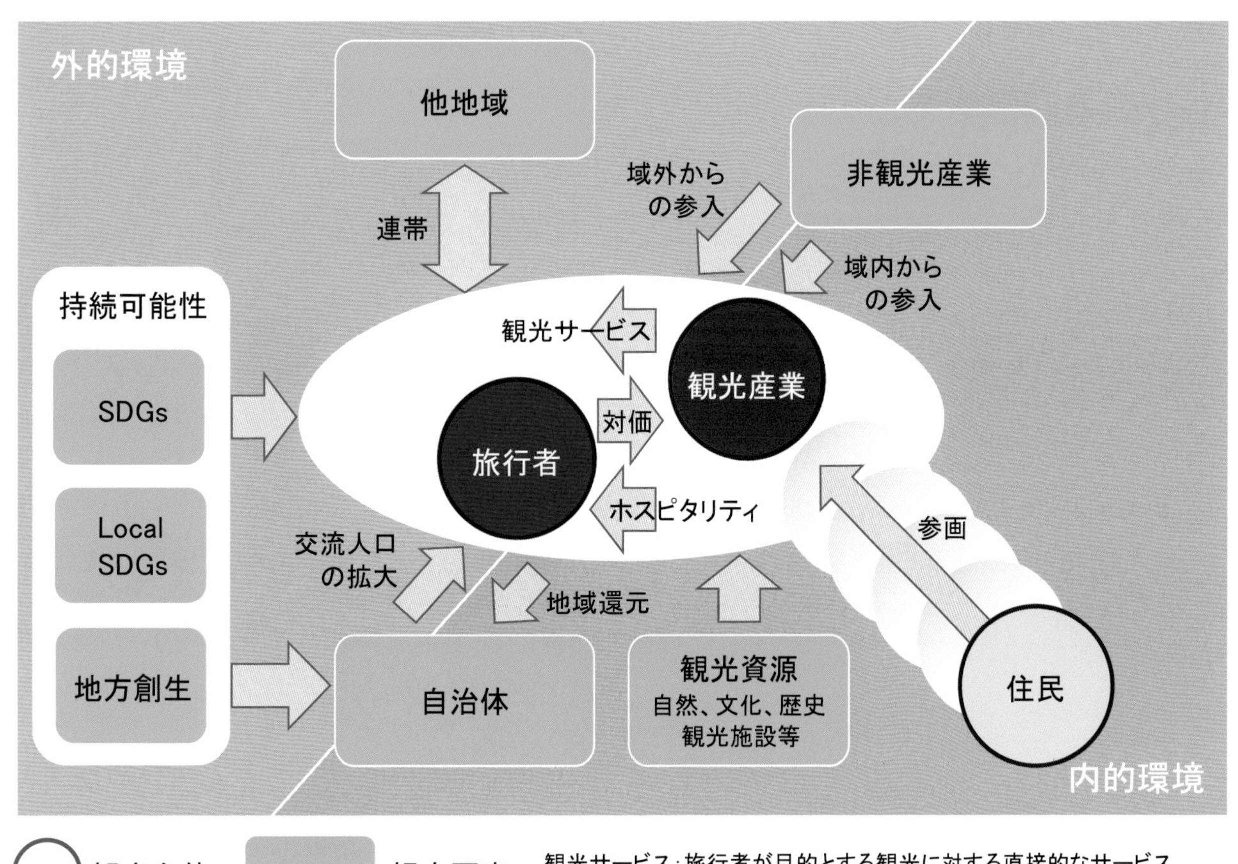

図 1-4　観光を取り巻く環境

《第1回　ワークシート》

1. 本講義の理解

・団塊世代とは何ですか。

・QOLとは何ですか。

・関係人口を100字以内で説明してください。

2. 講義内容に関する疑問

・グループ内での検討

・講師の回答

3. グループ・ディスカッションの課題「観光を取り巻く環境の変化がもたらす問題」

今後、ますます観光を取り巻く環境は複雑になっていくと思われますが、既存の観光主体の何がどのように変化していくかについて意見を出し合って、その結果をまとめてください。

第2章　観光地経営人材育成の必要性

観光産業人材と観光地経営人材

2023年3月に閣議決定された『第4次観光立国推進基本計画』[1]では、「持続可能な観光地域づくりの体制整備」の一つとして、観光人材の育成・確保が明記されています。さらに、観光庁が同年同月にまとめた『ポストコロナ時代における観光人材育成ガイドライン』[2]では、COVID-19のパンデミックによって大打撃を受けた観光産業を再建し、Post COVID-19における発展を図るには、人材を確保、育成し、それを保持できる事業経営人材(観光産業人材)の育成と観光によって地域全体の発展を考えることができる地域経営人材(観光地経営人材)の育成が必要と記されています。

観光産業は裾野が広く、他産業よりも大きな経済波及効果を期待できます。また、活動の内容が分かりやすく、住民の理解を得やすいという特徴があります。そのため、経済的な低活性に悩む地方においては、観光を利用したまちづくり(観光地域づくり)が行われています。基本的に、産業の活動とまちづくりの活動は議論されるべきテーマですが、観光産業人材と観光地経営人材の育成による観光産業の振興はまちづくりを加速化させますし、そうしたまちづくりに当該地の地域資源を原材料とする観光商品を扱う事業所が人材を供出し、活動を牽引していくことは、同事業所の社会的責任を果たす上でも重要なことと考えられます。

観光産業人材とは、観光に関与する各事業所の経営者層を指します。経営者の目標は、自社の営利追求であり、自社のアカウンティング、ファイナンスの下で、従業員を雇い入れ、教育し、適性に合わせて配置します。従業員の適性に合わせて仕事を割り振るためには、経営者自身がその仕事の内容を熟知している必要があるため、観光産業人材には細分化された役割に関する知識や技術を習得することが求められます。さらに、被雇用者である従業員を育成し、保持していくためには、彼らの仕事に対する満足感や達成感を高揚させる説得力が必要になります。つまり、従業員の育成と観光産業人材の育成との大きな違いは、関与する観光における自社の位置づけや方向性を論理的に説明することができる観光マネジメントの能力を習得するか否かという点に集約されます。

一方、観光地経営人材は、観光の中核となる自然環境、施設、イベント、アトラクション等と空間的、機能的に結びつく地域全体の発展を考えることができる人材で、地域に対する戦略的な観点から育成されます。前掲の観光人材育成ガイドラインによれば、観光地経営人材には、

○ 観光地経営を牽引する者として、地域に対する誇りと愛着を持っていること
○ 自組織の立場や利害に固執することなく、持続可能な地域づくりに向けて、旅行消費額の増加など地域全体の利益を常に意識し、起業家(アントレプレナー)的役割を発揮しつつ、地域における滞在価値創出と持続可能性を基本としたビジョンとミッションを示すことができること
○ 不確実性の高い環境下でも課題発見・解決を行いながら、地域の観光資源を有効に活用し、地域全体の利益に資する具体的な成果を上げることができること
○ 行政や文化、農林漁業、交通等地域内の事業者に加え、地域住民などの観光地域づくりを支える幅広い関係者と信頼関係を構築しつつ、利害や意見を調整し、合意形成を行うなど、協働することができること
○ 観光地経営を牽引する者としての社会的使命感、倫理観、責任感等をもって、コンプライアンスの遵守と適正な事業の運営管理ができること

が求められています(箇条書き部分は原文を転載)。

2-1 観光の組織化

観光地域づくりには、観光産業の事業者に加えて、自治体、他産業の事業者、住民も参画します。観光に関わるこうしたステークホルダーが連携あるいは協働によって結びつく関係を「観光の組織化」と呼ぶなら、そのビジョンは、観光の組織化を通して全体の利益を追求し、他の観光地との競争に勝つことで得られた利益が内部で分配されている、といったものになります(山田ら、2023)[3)]。つまり、観光地経営人材は、様々な思惑が交錯する観光の組織化において、それぞれの立場を階層的に捉えず、連携や協働によって結びつく組織を水平的に管理、運営していかなければなりません(**図2-1**)。

しかし、観光産業人材としての能力と観光地経営人材としての能力を兼ね備えなければならない観光産業の経営者層は、事業所に戻ると、旅行者をターゲットにした自社の経営戦略を企画、実行するリーダーとして、雇用関係によって結びつく組織を垂直的に管理、運営しなければなりません。観光地経営人材には、「自組織の立場や利害に固執することなく、持続可能な地域づくりに向けて、旅行消費額の増加など地域全体の利益を常に意識」することが求められているとはいえ、経営者には、観光産業人材として自社の最大利益を追求するという責務があります。彼らは、観光の組織化のビジョンに自社のビジョンを適合させ、観光地の戦略の中に矛盾なく自社の戦略を位置づけなければなりません。彼ら以外にも、同様な課題に対処しなければならない参画者は多いと思います。

観光の組織化に関わる水平的管理と自社経営の垂直的管理を同時にこなしながら、地域と自社の利益を同時に追求していくためには、戦略形成／修正や組織マネジメントの能力を向上させなければなりません。これが、観光地経営人材の育成に、戦略論、マーケティング論、組織行動論、リーダーシップ論等の知識の習得が必要になる理由です。

2-2 観光地域づくり法人

観光が国家戦略の重点課題の一つに位置づけられたことで、2006年には新たに「観光立国推進基本法」が制定され、2008年には観光庁が発足しました。それに伴い、観光の組織化も大きく進展し、2008年には「観光圏の整備による観光旅客の来訪及び滞在の促進に関する法律」(観光圏整備法)が制定され、全国に観光圏が設定されました。観光圏は「観光圏の整備による観光旅客の来訪及び滞在の促進に関する基本方針」に従い、主に観光を介した地域間連携の空間的なまとまりを整備することを目指し、自治体が、「観光圏整備実施計画」を作成して申請します。

同圏の認定は本稿執筆時(2023年)も継続中ですが、観光の組織化において最も重要な案件となる自治体、事業所、住民との機能的結合関係の確立は、2015年に日本版DMOが整備されてからのこととなります。日本版DMOは、観光地のコーディネート事業をビジネスにするDMO(Destination Management/Marketing Organization)を制度化したもので、ステークホルダー間の調整に対価を支払うことに慣れていない日本の観光事業文化に対応する公共性の高い組織となっていましたが、2020年には、海外のDMOが持つ機能を意識した「観光地域づくり法人の登録制度に関するガイドライン」が示され、名称も「観光地域づくり法人(登録DMO)」に変わりました。観光地域づくり法人は、観光地内の多様なステークホルダーの合意形成において主導的な役割を果たすことを目指し、同法人が自治体と共に「観光地域づくり法人形成・確立計画」を作成して申請します。DMOの制度化は、「観光の組織化」の制度化でもあり、その理念は連携によるステークホルダー間の機能的結合関係の強化にあります。DMOの設立は、地域単位で観光振興を進める表明とも言えます。一方で、2023年に改正された同ガイドラインでは、観光地域づくり法人に自立、自走のための財源確保が求められることが明記され、一事業所としての姿勢も求められることになりました(**図2-2**)[4)]。近年では、それを意識して“O”を“C(Corporation)”に変え、DMCとして申請する組織も多くなっています。

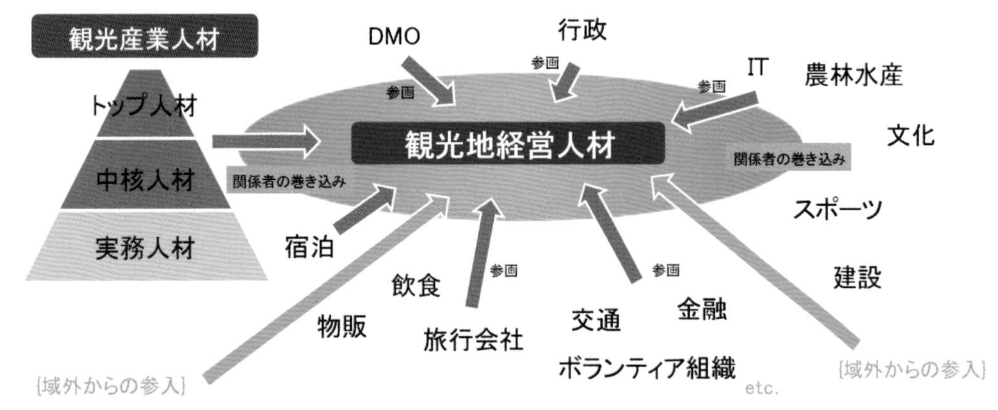

【参考図】持続可能な観光地域づくりに向けた協力体制イメージ 2)

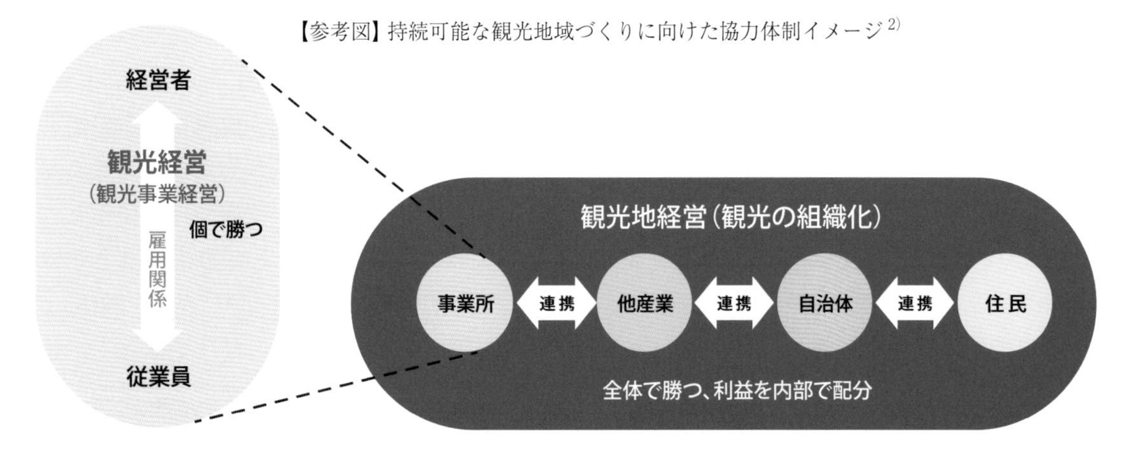

図 2-1 垂直的管理と水平的管理の併存

DMOの登録制度に関するガイドライン(令和5年4月3日改正) 主な改正ポイント

改　正　趣　旨

・令和2年4月にDMOガイドラインが策定され、それから約3年が経過した中で、「観光立国推進基本計画」が令和5年3月31日に閣議決定されたこと等を踏まえ、今般、本ガイドラインを改正する。

主 な 改 正 ポ イ ン ト

○ **国内交流およびインバウンド需要の取り込みによる交流人口・観光消費額の拡大**の重要性を明記。

○ KPI設定にあたって、**訪日外国人旅行消費額単価**など、**人数に依存しない指標(質の向上)を設定**することの重要性を明記。

<重要施策>

【観光DX】

○ **旅行者の利便性向上及び周遊促進、観光地経営の高度化等の観光分野のDXの推進**の重要性を明記。

○ 戦略策定にあたって、**デジタル化やDXを推進するための要素**を盛り込むことの重要性を明記。

○ 地域全体を包括する**情報発信・予約・決済機能をシームレスに提供するウェブサイトの構築**の重要性を明記。

【持続可能な観光】

○ **地域と旅行者の双方が観光のメリットを実感できる観光地を持続可能な形で実現**していくことの重要性を明記。

○ 戦略策定にあたって、**国際的な認証・表彰(※)の取得に向けた取組**を盛り込むことの重要性を明記。
(※) JSTS-Dロゴ、グリーン・ディスティネーションズ、ベスト・ツーリズム・ビレッジ)

【財源確保】

○ DMOが戦略策定等の活動を自律的・継続的に行うために、**安定的かつ多様な運営資金を確保すること**の重要性を明記。

○ 自主財源の例として、**ランドオペレーター等が地域に存在しない個別事業の積極的な実施**や、**道の駅の管理・運営業務**や**ふるさと納税事務**等を明記。

○ 自主財源の確保に向けて、**具体的な行動計画を策定し、計画的に取り組むこと**の重要性について明記。

<その他>

○ CMOの役割について、**「データ分析に基づいたマーケティングに関する責任者」**であることを明確化。

○ 候補DMOでなくとも、**全ての登録要件を満たしていれば、直ちに登録DMOへの登録が可能**である旨を明記。

○ 事業報告書の提出時期について、**「毎事業年度の終了後4か月以内」**と明確化。

図 2-2 「観光地域づくり法人の登録制度に関するガイドライン」の主な改正ポイント 4)

2-3 観光地の資金環流

アカウンティング(accounting、会計)は、事業所が行う取引を数値化して記録することですし、ファイナンス(finance、財務)は、事業所が行う予定の取引に要する資金の調達方法や現有資産の運用方法に関する意思決定を行うことです。そのため、一般に、両者は共に事業所単位で行う作業となり、どちらかと言えば、観光産業人材に必要な知識、技能になります。

しかし、観光の組織化によって観光地域づくりが進展すれば、その活動に伴う取引が発生します。それらの取引に関わるアカウンティングとファイナンスは、DMOが主体となって行うべきものと考えますが、DMOが法人格を持った会社として活動する以上、そして、近年のように自立、自走が強く求められる状況下においては、DMO自身が自組織の存続、拡張のためのアカウンティングとファイナンスを考えなければならなくなりました。そのため、観光の組織化に携わる観光地経営人材も観光地経営に関わる財源やその用途を十分に把握、理解した上で、DMOの活動を認知、評価する必要があります。

DMOが制度化される前は、観光市場で当該観光地を選択した来訪者が支払う税金と彼らの消費活動によって利益を得た事業者が支払う税金が政府や自治体に納付されるという流れしかありませんでしたが、政府や自治体が行政として観光に関与するようになり、その代役のような位置づけで整備された日本版DMOは、行政からの税金投入(補助金、委託金、負担金等)を活動資金として市場に働きかけ、来訪者数を増やすことで観光地内の事業所から資金を得ることが想定されていました(大社、2018)[5)]。しかしながら、観光地域づくり法人に改称された2020年以降は、市場に働きかけるだけではなく、積極的に来訪者や観光地にも働きかけ(着地整備)、そのサービスの対価を得る収益事業を自主財源の一つとすることが求められています(**図2-3**)。DMOが観光地を含む地域全体の成長という本来の目的を遂行するためには、事業者は、DMOと競合するのではなく、連携する必要があります。DMOの活動を上手く利用する方法を考えることが事業者の課題となるでしょう。

2-4 お客様は「観光客」?

観光地経営人材が観光産業人材とは異なる視点で捉えなければならない事案は、対象顧客です。事業所単位での活動は、自社の長所を活かせる顧客を対象にして策定された戦略を実行しますが、観光地として活動する場合は、観光地の長所に対応する顧客を対象にしたとしても、絞り込みは各事業所に任せることになるので、時代の趨勢や社会の変化を全国的、全世界的に捉え、顧客属性の傾向やその変化を見る視点が必要になります。

観光庁による『宿泊旅行統計調査』[7)]における旅行目的別の統計を用いて近年の傾向を見ると、全国では、過去1年の宿泊者のうち観光・レクリエーション目的の宿泊者の比率が50%以上であった宿泊施設の宿泊者数(以下、観光目的50%以上の宿泊者数)は、東日本大震災によって減少し、2010年代後半に顕著な伸びを見せるものの、COVID-19による落ち込みまで、過去1年の宿泊者のうち観光・レクリエーション目的の宿泊者の比率が50%未満であった宿泊施設の宿泊者数(以下、観光目的50%未満の宿泊者数)の推移と同様な右上がりの形状を示します(**図2-4-1**)。しかし、東北地方に限って見ると、宿泊者総数の伸びは全国に比して低調で、観光目的50%以上の宿泊者数は青森県を除いた5県で減少しました(2010～2019年、**図2-4-2、3**)。一方、観光目的50%未満の宿泊者数は全ての県で増加しました(2010～2019年、**図2-4-4**)。東日本大地震直後の増減が大きく、それは被災県(岩手県、宮城県、福島県)で顕著なことから、旅行目的別の宿泊者数の推移に見られる東北地方の特徴は、観光・レクリエーション目的の宿泊者数が伸び悩む中で、震災復興事業に伴うビジネス目的の宿泊者がそれに置き換わったことに起因すると推測することができます。そして、東北地方におけるこうした旅行目的の変化は、当該地方において、観光の定義や観光産業の役割を再考させることに繋がったと考えられます。

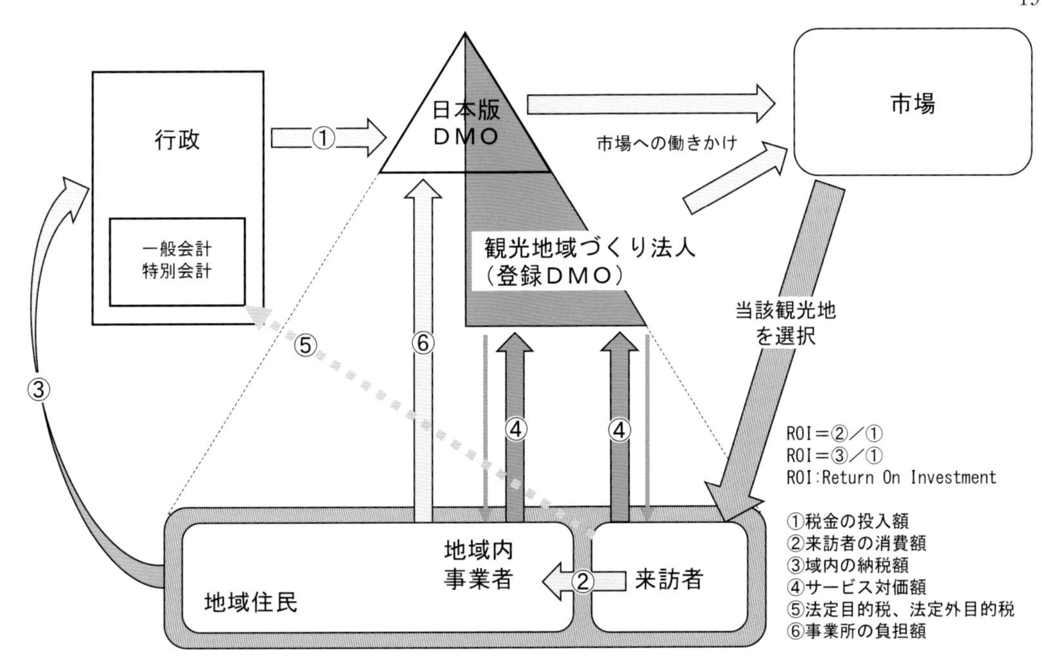

図 2-3　観光地の資金環流 6)

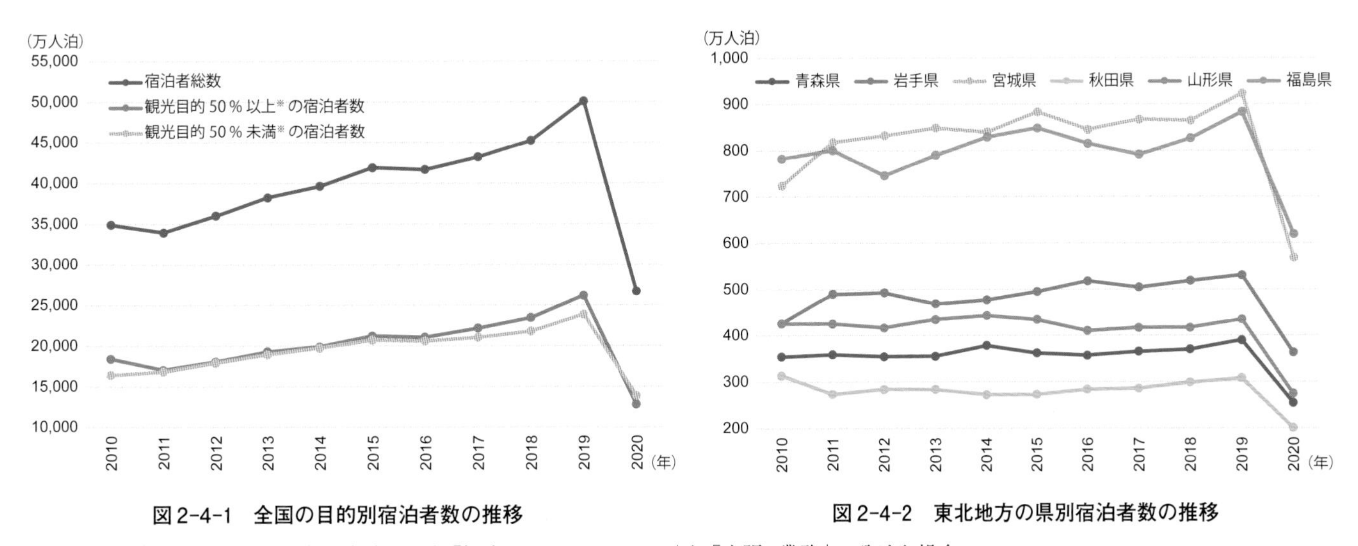

図 2-4-1　全国の目的別宿泊者数の推移

図 2-4-2　東北地方の県別宿泊者数の推移

※最近1年間に訪れた宿泊者の宿泊目的を「観光レクリエーション」と「出張・業務」に分けた場合、
観光目的50％以上：「観光レクリエーション」が50％以上を占める宿泊施設
観光目的50％未満：「観光レクリエーション」が50％に満たない宿泊施設

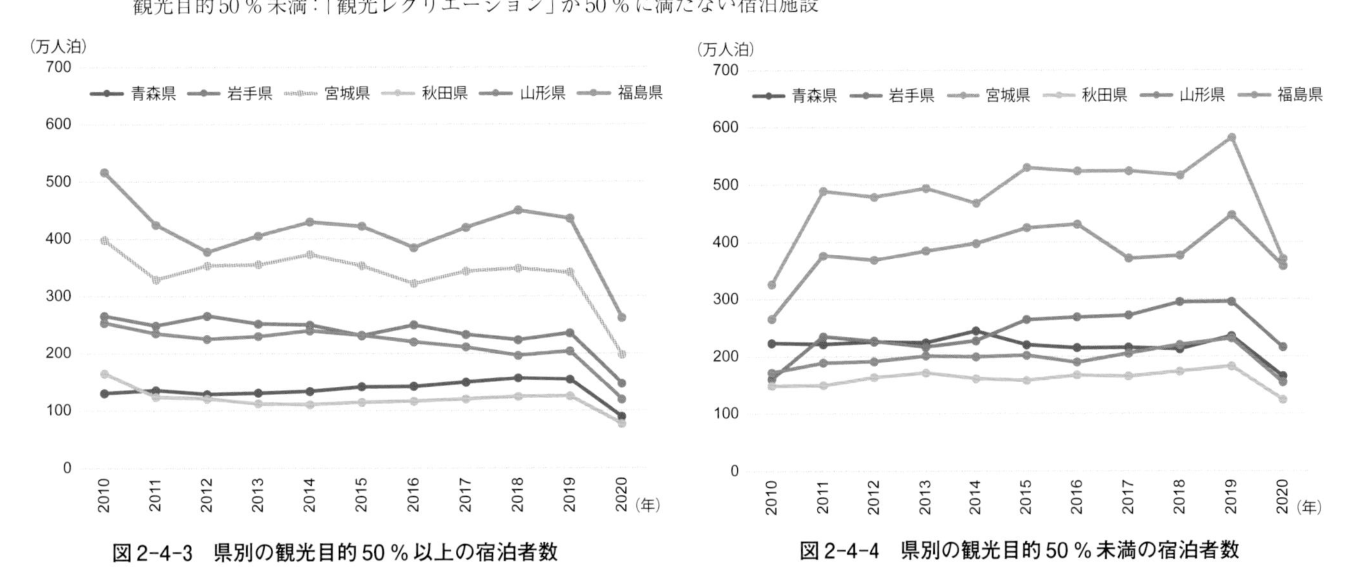

図 2-4-3　県別の観光目的 50％以上の宿泊者数

図 2-4-4　県別の観光目的 50％未満の宿泊者数

資料：観光庁「宿泊旅行統計調査」7)、いずれの図も従業員数10名以上の施設を対象

《第２回　ワークシート》

1. 本講義の理解

・観光の組織化とは何ですか。

・観光地域づくり法人とは何ですか。

・水平的管理と垂直的管理の関係を100字以内で説明してください。

2. 講義内容に関する疑問

・グループ内での検討

・講師の回答

3. グループ・ディスカッションの課題「観光地域づくり法人と観光関連事業所との調整」

観光地域づくり法人が自走、自立を考えていくことになると、商品開発等で一般の観光関連事業所との競合が発生する可能性があります。この競合の是非、調整方法ついて議論してください。

第3章　地域課題と観光

観光コンテンツを考える視点

「観光地(destination)」とは何でしょうか。この問いに答える前に、地域の概念について少し説明しておきます。地域は、人と土地によって構成されます。地域は、人の土地への働きかけによって形成されると言うこともできます。結果的に、地域はある特定の事象を中心にした空間的、機能的な関係性(まとまり、構造)を示すようになります。故に、地域は様々な事象を中心とする関係性が多層的に結びつく複雑な様相を呈します。この理解の下で、冒頭の問いに答えると、観光地とは、観光という事象を中心にした空間的、機能的な関係性であり、地域の断片と考えることができます。また、観光地域づくりとは、観光を中心とする関係性を理解、改修、強化すること、そして、それを他の関係性に結びつけて地域全体の成長に繋げていく作業を指します。つまり、観光地域づくりには、観光地の整備に加えて、異分野への進出や異業種との連携が必要になってきます。

いずれにしても、観光を中心とする関係性を理解、改修、強化することが基本となることは明確です。では、何から始めれば良いのでしょうか。まずは、当該地域の観光を構成している要素(コンテンツ)を把握する必要があります。例えば、豊かな自然環境を観光に取り込んでいると言っても、桜や紅葉、自然景観の大パノラマだけでは経済は動きませんし、産業も発達しません。よって、関係性も生まれません。入園料、入浴料、入山料、リフト代といった観光の対価を受け取る施設が存在して初めて経済を語ることができるようになります。しかし、それらを単体で扱うのは、それに関与する事業所の観光マネジメントです。観光地経営を考えるのであれば、観光施設の組み合わせを整理することで、当該地域における観光の関係性を明らかにしなければなりません。

一般に、上述した整理の過程で、観光の対価を受け取れる施設や仕組みが過不足無く組み合わされている訳ではないことに気づくはずです。それが、空間的な周遊性によるものなのか、社会的な確執によるものなのか、ストーリー性の無さによるものなのか、を判断して修復することが、観光を中心とする関係性の改修に繋がります。もちろん、全く異質な観光が併存している観光地も少なくありません。その場合は、それぞれの観光において中身の確認を行い、その枠内で合理的な組み合わせを考えていくことになるでしょう。しかし、全く異質な観光を掛け合わせることで、当該地域に新しい観光を提案し、その関係性を構築することは、現有資源を活用するコストパフォーマンスの高い観光地の改修、強化になるため、観光地経営の理想的な成果の一つと言えます。

現有資源の活用であっても、新たな資源開発であっても、従前とは異なる観光を中心に据えた関係性の構築(あるいは再編)は、観光地経営に求められる不可欠な作業です。これは、観光のプロダクト・サイクルにおける既存観光の延命であり、新たな観光提案によって観光地の若返りを狙う観光地の強化と言えます。観光資源の組み合わせも含めた観光の中身の刷新は、コンテンツ開発と呼ばれ、第7章で扱う観光の多様化にも密接に関連します。コンテンツ開発は、原則として当該地域の自然的、歴史・文化的な特性に依存しますが、それらの資源をアイデアと工夫によって商品化しない限り経済が動かないことは前述したとおりです。また、資源発掘は、当該地域の事業所や住民よりも域外の観察者の方が上手です。それによって地域が成り立っているのですから、地域内では当たり前な事物として浸透しているからです。一方で、提案する観光の新規性を重視するのであれば、時勢や流行を反映したものである必要がありますし、観光地域づくりを念頭に置くのであれば、観光という枠組みに捉われずに、地域課題やSDGsにも積極的に対応する姿勢が求められます。

3-1 時勢、流行を考えた観光

COVID-19のパンデミックによって大幅な収益減となった旅行業界に対し、株式会社星野リゾートの代表 星野佳路氏は、身近な地域に対する「マイクロ・ツーリズム」を提唱しました。しかし、身近な地域に対する散策は従前から存在していましたし、日帰り旅行＋宿泊と考えれば、彼の提唱に新しい概念は盛り込まれていないということになります。マイクロ・ツーリズムに盛り込まれた新たな概念とは、長距離旅行で得られる満足と同じだけの満足を短距離旅行でも得られるという思考です。そして、それを同社の実績とブランドによって保証しました(**図3-1**)。

一般に、自宅から離れるほど景観や文化は非日常になるので、珍しい景観や文化を見たり、体験したりすることで得られる満足度は高くなります。満足度の対価が旅行費用になるので、短距離旅行は安くすみますが、その分得られる満足度は低くなってしまいます。しかし、マイクロ・ツーリズムは、長距離旅行で得ようとしていた満足を宿泊施設やそこで提供されるサービス、つまりは同社のハード(施設)とソフト(接客)のホスピタリティを高めることによって、旅行者に同額の旅行費用を支払うことに納得してもらおうとするものです。つまり、宿泊単価を抑え、移動距離や宿泊数で旅行の満足度を高めようとしていた旅行者層に対して新たな旅行商品を提案するという新規顧客開拓のための戦略でした。

自宅で自粛生活を送っていても、信用できる宿泊地で、静養していても感染リスクは同じです。これに地域経済への貢献という大義が付加されれば、外出欲求が強い一部の層に対しては、移動は制限されるどころか促進されることになります。COVID-19の流行、自粛ムードという時勢を考えれば、「移動制限」という結論に至ることは自明のように思えますが、星野リゾートというブランドから想起される高級感の中から信用性を引き出して、安心感、安全性を保証するという星野氏の思考は、逆風を順風に変える思考でもあり、見習うべきところが多くあります。

3-2 地域特性を利用した観光

人も土地も皆違いますから、土地に対する人の働きかけによって形成される地域の性質は、自然環境も含め、全て「地域特性」となります。地域特性が観光の対象となりうるのは、旅行者がそれに関心を示す場合に限定されます。旅行者の目的地の地域特性と発地のそれが類似している場合、旅行者は目的地の地域特性を体感、体験することに意味を感じない(対価を支払わない)でしょう。ただし、類似している場合であっても、その差異を知ることが発地の再認識や知識の拡張に繋がることを知っている旅行者やそれを旅行の目的にしている旅行者に対象を絞れば、有効な観光商品になります。マニアの旅行や探索(調査)の旅行がその例です。

旅行での体感、体験の全般を楽しみにするような一般的な旅行者の場合、移動距離が長くなるほど旅行者の視野の範囲は広くなります(**図3-2**)。インバウンド旅行者であれば「日本」の特性、国内旅行者であれば「都道府県」の特性、県内旅行者であれば「市町村」の特性が観光対象になる地域特性になるということです。移動距離が長くなるほど、旅行者は事象の大局を捉えるだけで手一杯となり、微細な違いに気づきにくい、仮にそれを気づかせたとしても、面白いと感じるだけの知識、情報を準備できない、ということでもあります。ラーメンを例にとれば、一般のインバウンド旅行者にはラーメンで十分ですが、県内旅行者になると各店舗の特性が必要になります。

B級グルメ、微気候、珍風景などの県内旅行スケールの観光対象(話題)であっても、国内旅行やインバウンド旅行スケールの観光対象として、各スケールでの旅行者を呼び寄せることができる場合もあります。例えば、県内旅行スケールの観光対象が「日本一」、「世界一」の認定を受けると、各スケールの視野に入ります。全国基準、世界基準での名所、文化、旧跡、遺産等の指定は他者によるレッテルに過ぎませんが、観光への効果は絶大です。

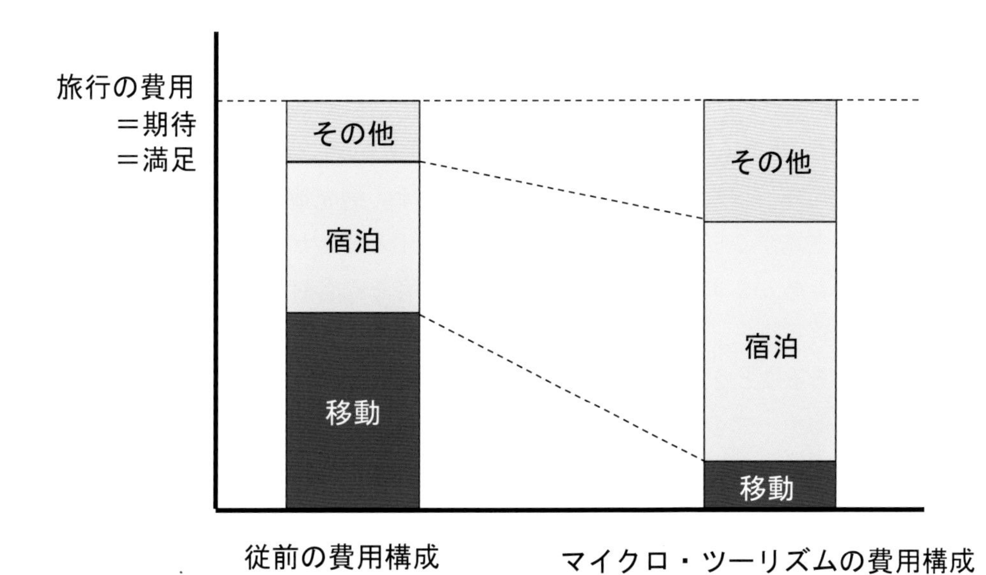

図 3-1　COVID-19 のパンデミック期に考案されたマイクロ・ツーリズムの費用構成

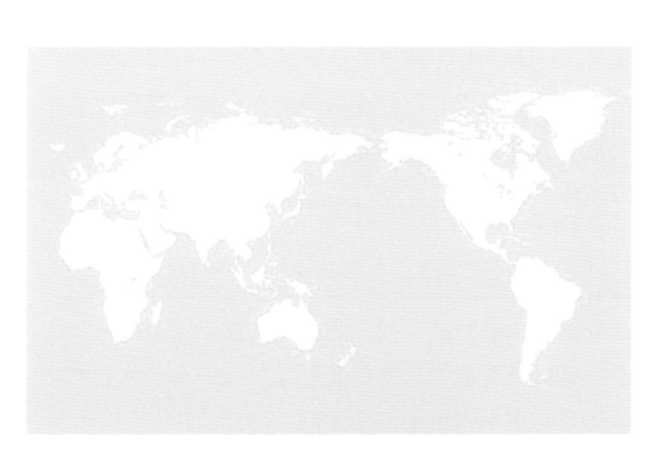

視野のスケールによる地域特性のスケール

インバウンド旅行者:
富士山、京都、TOKYO、ラーメン、寿司　など

国内旅行者:
紅葉、桜、××温泉、喜多方ラーメン　など

山形県人:
××庭園、××桜、××旅館、ラーメン××屋　など

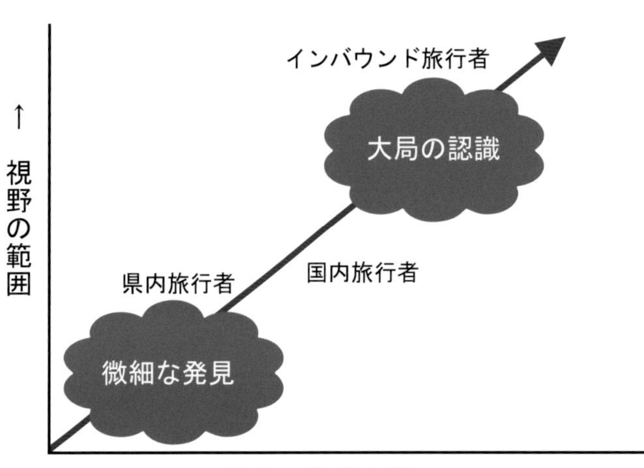

図 3-2　旅行者のスケール感

3-3 地域課題を解消する観光

日本では、東京一極集中による経済格差が恒常的に存在していますし、少子高齢化が急速に進行しています。地方では、それらの影響から、人口減少、経済的／社会的活性の低下、後継者不足、生産性の低下等の地域課題も同時に発生しています。また、観光に限って見ると、全国的には国内観光の低迷、地方においては提案する観光の画一化といった課題を指摘できます。観光地として、これらの課題に対応することは、当該観光地に立地する事業所経営の底上げを支援することと同時に、地域に対する社会的責任を果たすということでもあります。観光産業は、一般消費者を顧客対象にする、所謂、川下産業であり、消費者の絶対数、購買意欲、イメージに左右されやすい産業です。地場の経済的／社会的活性と密接に連動している産業であることを意識しなければなりません。

差別化という観光地の普遍的テーマの下で、実際に行われている観光を見ると、農業や被災地に対する人的支援を観光商品として販売するボランティア・ツーリズムをまず挙げることができます(**図3-3**)。農村域での観光は地方の人口減少や経済的／社会的活性の低迷を改善する方向に作用します。これらの観光は、非日常体験、貢献意識、応援心理、仲間意識、自己表象に基づくものです。これらは一般の観光では得られにくいものですし、交流人口のファン人口化にも繋がります。

ボランティア・ツーリズムでは、基本的に旅行者が支払う代金から事業者や住民が利益を得ることはありません。そのため、地域側には相応の負荷がかかりますが、労働力の確保は、住民の減少と高齢化に悩む地方にとって大きな恩恵です。そして、こうした恩恵に対する地域側からの返礼は、何よりも感謝の表明です。併せて、域外者に対する警戒感が強い農村域において、観光に対する肯定的な承認が得られることも旅行者側から見れば大きな返礼ということになるでしょう。

ボランティアに価格は付きませんし、賃金も発生しません。しかし、ボランティア・ツーリズムの旅行者は、地域の名産や名物を飲食、購入したり、観光関連施設を利用したりするので、経済効果は生まれます。また、貢献意識、応援心理、仲間意識を高めた旅行者は目的地に対して好意的な印象を持つため、SNSでの情報発信が宣伝効果を生むと共に、自身のリピーター化をもたらします。

3-4 アイデアによる観光の創出

観光戦略を立て、それに基づいて観光マーケティングを実施するためには、理論や知識が必要になりますが、観光商品を造成するのに、特別な機械や技術が必要になる訳ではありません。マーケティングは重要です。しかし、その対象になる製品やサービスはアイデアから生まれます。

アイデアは、従前のアイデアを応用、展開させて創出する場合と発想を転換して創出する場合に分けられます(**図3-4**)。ただし、障害者や介護者も楽しめる観光、自然景観を観覧するだけではなく自然環境を楽しむ観光、参画する住民もたのしめる観光、屋内の活動を屋外で楽しむ観光などは従前のアイデアを応用、展開させたものですが、その出発点は発想の転換にあります。COVID-19の感染拡大予防を契機に生じた、人を集める観光から人を散らす観光への転換、観光客が集まる観光地に行く観光から観光客がいない土地を訪れて観光の楽しみを自身で見つける観光への転換などは、まさに発想の転換と言えるでしょう。

いずれにおいても、対応する思考は、目的地が提供できるホスピタリティに旅行者が合わせるのではなく、旅行者が必要とするホスピタリティに目的地が対応する、といったホスピタリティの再認識、再考に終始すると思われます。そのためには、ターゲットにする旅行者をよく分析することが必要ですし、それに合わせた柔軟な連携、人員配置、施設転用、地域資源活用(発掘、掛け合せ)が求められていきます。こうした過程で生まれた観光形態が、ユニバーサル・ツーリズム、メディカル・ツーリズム、アドベンチャー・ツーリズム等で、ニュー・ツーリズムと呼ばれています。

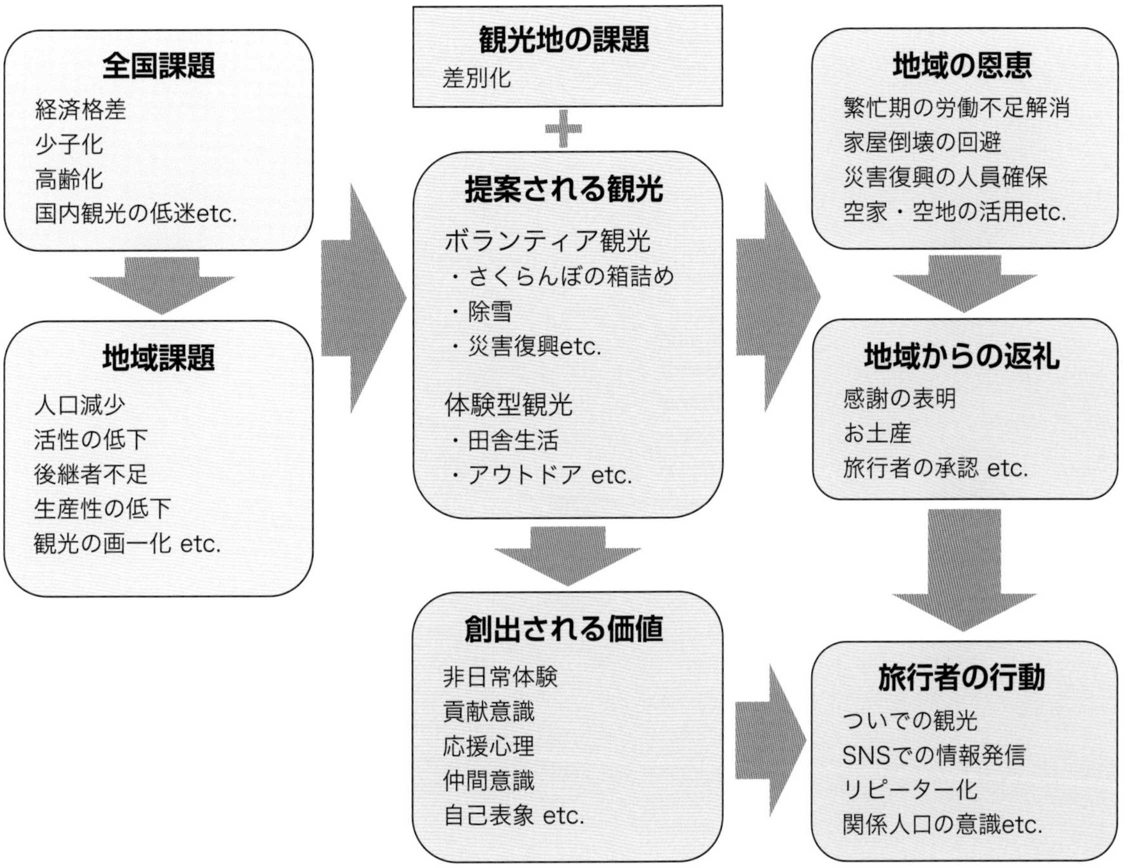

全国課題
経済格差
少子化
高齢化
国内観光の低迷etc.

地域課題
人口減少
活性の低下
後継者不足
生産性の低下
観光の画一化 etc.

観光地の課題
差別化

提案される観光
ボランティア観光
・さくらんぼの箱詰め
・除雪
・災害復興etc.

体験型観光
・田舎生活
・アウトドア etc.

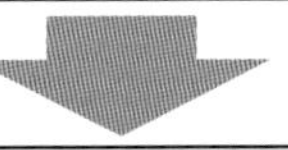

創出される価値
非日常体験
貢献意識
応援心理
仲間意識
自己表象 etc.

地域の恩恵
繁忙期の労働不足解消
家屋倒壊の回避
災害復興の人員確保
空家・空地の活用etc.

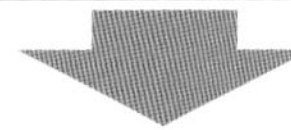

地域からの返礼
感謝の表明
お土産
旅行者の承認 etc.

旅行者の行動
ついでの観光
SNSでの情報発信
リピーター化
関係人口の意識etc.

図 3-3　地域課題を解消する観光

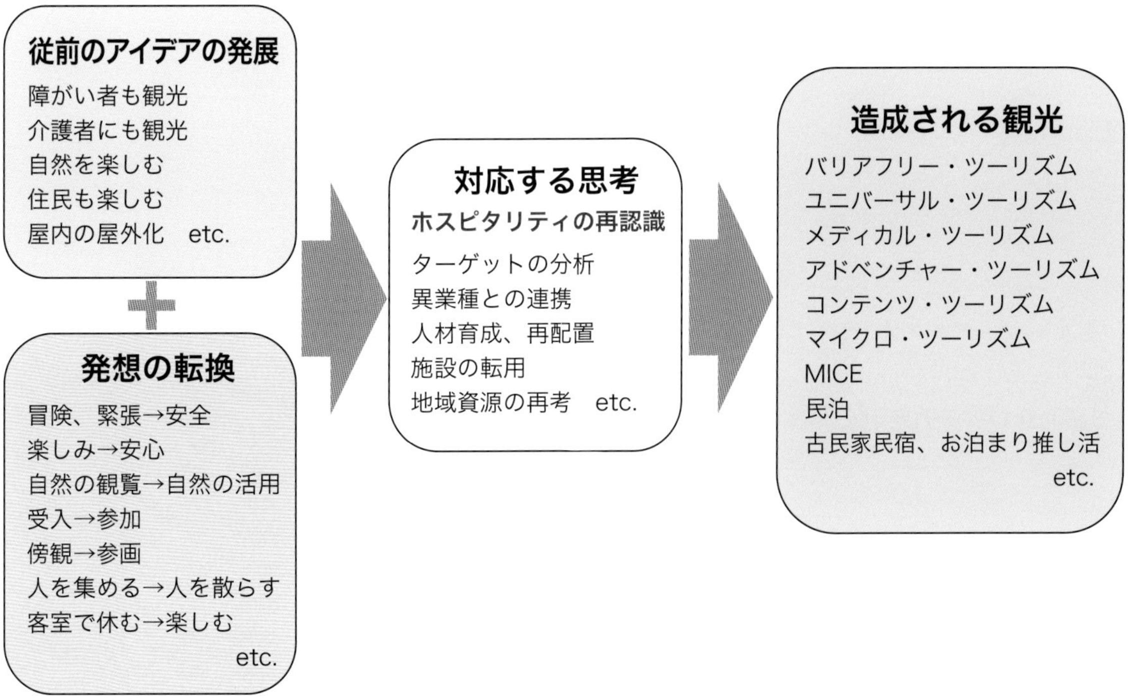

従前のアイデアの発展
障がい者も観光
介護者にも観光
自然を楽しむ
住民も楽しむ
屋内の屋外化　etc.

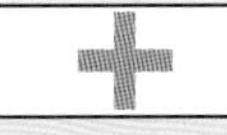

発想の転換
冒険、緊張→安全
楽しみ→安心
自然の観覧→自然の活用
受入→参加
傍観→参画
人を集める→人を散らす
客室で休む→楽しむ
etc.

対応する思考
ホスピタリティの再認識
ターゲットの分析
異業種との連携
人材育成、再配置
施設の転用
地域資源の再考　etc.

造成される観光
バリアフリー・ツーリズム
ユニバーサル・ツーリズム
メディカル・ツーリズム
アドベンチャー・ツーリズム
コンテンツ・ツーリズム
マイクロ・ツーリズム
MICE
民泊
古民家民宿、お泊まり推し活
etc.

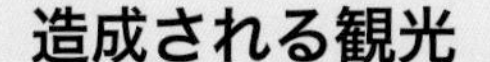

図 3-4　アイデアによる観光の創出

《第3回 ワークシート》

1. 本講義の理解

・マイクロ・ツーリズムとは何ですか。

・地域特性のスケールとは何ですか。

・ボランティア・ツーリズムの特徴を100字以内で説明してください。

2. 講義内容に関する疑問

・グループ内での検討

・講師の回答

3. グループ・ディスカッションの課題「観光商品を造成するためのアイデア」

「観桜」をテーマにして、従前のアイデアを発展させた「アイデア」、発想の転換による「アイデア」について話し合い、それぞれの具体例を提示してください。

第4章　観光地経営戦略の基礎的理解

戦略論

ミンツバーグら(2009)は、経営の戦略論を次の10のスクール(学派)に分類しました。[1)]

(1) デザイン・スクール……………………コンセプト構想プロセスとしての戦略構成
(2) プランニング・スクール………………形式的作成プロセスとしての戦略構成
(3) ポジショニング・スクール……………分析プロセスとしての戦略構成
(4) アントレプレナー・スクール…………ビジョン創造プロセスとしての戦略構成
(5) コグニティブ・スクール………………認知プロセスとしての戦略構成
(6) ラーニング・スクール…………………創発的学習プロセスとしての戦略構成
(7) パワー・スクール………………………交渉プロセスとしての戦略構成
(8) カルチャー・スクール…………………集合的プロセスとしての戦略構成
(9) エンバイロンメント・スクール………環境への反応プロセスとしての戦略構成
(10) コンフィギュレーション・スクール…変革プロセスとしての戦略構成

ミンツバーグらによれば、(1)～(3)は、規範的な戦略を提示するスクールで、1960年代から1980年代までの理論発達の時系列の中にそれぞれを位置づけています。続く(4)～(9)は、特定の視点から戦略形成を捉えて、より現実的な戦略を提示しようとするスクールです。(10)は、これらの全てを包括、統合する戦略を提示するスクールですが、安定した組織がより高みを目指すための変革や改革に積極的に取り組もうとする点に特徴があります。

彼らは、「複数のミッションおよび目標に沿って成果を達成するためのトップ・マネジメントによるプラン」という戦略に対する一般的な定義づけを拒み、戦略とは、将来を見据えたプラン(plan)である一方で、成功をもたらした過去の行動のパターン(pattern)でもあると述べています。さらに、戦略とは、特定の市場の中で特定の製品の位置づけ(position)である一方で、従前の市場の外側も含めた全体の俯瞰(perspective)であるとも述べています。そして、どの戦略も、つまりは策略(play)であるとしています。

彼らは、戦略に対するこれら5定義のうち、playを普遍とし、他の4定義の組み合わせで戦略形成のための基本的なアプローチが決まるとしています。それらは、自社や製品を位置づける計画を立案する戦略プランニング(plan × position)、自社や製品を位置づけた過去の行動をパターン化して提示する戦略ベンチャリング(pattern × position)、全体を俯瞰して将来の目標を定める戦略ビジョニング(plan × perspective)、全体を俯瞰するために行動パターンを整理する戦略ラーニング(pattern × perspective)です。各アプローチに有効な理論を提示するスクールがありますが、スクールは相互不可侵という訳ではありませんから、それぞれのアプローチを選択した論者がその戦略の定義に従い、必要な理論を応用、展開していくことになります。

我々が目的とするのは観光地の戦略的経営(経営戦略)なので、扱う商品は域内の日帰り旅行からインバウンド旅行まで、空間的にも経済的にもスケールの異なる市場を複数抱えることになります。そのため、全体の俯瞰(perspective)は必須ですが、生き残りや差別化を考えていくためには当該観光地の位置づけ(position)も必要です。ただし、個々の事業所が選択してきた過去の行動パターンや他地域の成功事例を流用していては、当該観光地を引き立たせる新たな経営指針は見つからないでしょうから、将来を見据えたオリジナルなプラン(plan)の策定が必要になります。つまりは、戦略プランニング、もしくは戦略ビジョニングによるアプローチと戦略の定義づけが求められるということです。これは、過去の行動パターンや他地域の成功事例を参考にしないというものではなく、戦略の中心を過去の整理におくか将来の変革に置くかという違いです。

4-1　規範的な戦略を提示するスクール

デザイン・スクールは、戦略を事業の方向性を簡潔かつ明快に示すコンセプトと捉えます。CEO(最高経営責任者、Chief Executive Officer)は、自社の外部環境評価と内部環境評価によって、社会や時代の動向を知り、自社の強みを活かし、弱みを補強しながら、企業の社会的責任や自らの価値観を織り交ぜて、戦略をデザインし、企業メッセージとして発信します(**図4-1**)。

それに対し、プランニング・スクールは、事業の方向性を示すコンセプトを基に考案される目標、予算、プログラムの運用プランを策定、実施していくことによって戦略は形成されると考え、形式的な手続き、トレーニング、分析をこなしていくプロセスを重要視します。無論、責任はCEOにありますが、実施する運用プランの制作者や責任者は企画を担当する社員(プランナー)になります。このスクールの特徴は、「形式」を重視することで、戦略形成のマニュアル化が進められます。

ポジショニング・スクールは、前者2つのスクールの特徴を踏襲しながら、戦略そのものの重要性を強調するもので、ポーターの『競争の戦略』[3]、『競争優位の戦略』[4]に代表されます。このスクールでは、戦略は企業が市場競争を勝ち抜くためのものであることを明言し、自社の特徴を正確に捉えることで、市場やターゲットを絞り込み、そこに資本、資源を集中させることによって、コスト面での優位性や製品(サービス)の差別化を達成しようとします。

ミンツバーグは、自社の特徴を正確に捉えるためには、大量の数的指標に対する客観的分析が必要になり、戦略形成の主役がアナリストになってしまうことで、企業理念や経営者の価値観が軽視されてしまうと述べています。また、分析は常に過去のデータに対するもので、未来に向けた革新が提示されにくい、といった批判のほか、計量分析が持つ様々な課題を指摘しています。一方で、ポジショニング・スクールの姿勢は、何のために戦略を立てるのか、戦略に何を求めるのか、という基本的な問いを明確にした、と評価しています。

4-2　“視点”から捉える戦略的思考

ミンツバーグらによって分類された10スクールのうち、最初の3つは戦略形成の型、パターンを規定しようとするものですが、残りの7つは戦略形成の具体的な手段、方法を提案しようとするものです。ここでは、そのうちの一つであるアントレプレナー・スクールを簡単に紹介します。

デザイン・スクールは戦略形成の規範を作ろうとする3つのスクールの中でも、リーダー(CEO)の価値観に着目するものでしたが、それは全体を統括する責任の範囲内にとどまります。アントレプレナー・スクールの特徴は、リーダーの人間性や個性から生まれるビジョンを重要視する点にあります。ビジョンは事業の単なる方向性ではなく、リーダーの直感、判断、知恵、経験、洞察といったものに基づくイメージや感性を含むものとした上で、アントレプレナー・スクールは、何も無い状況から戦略を組み立てていくアントレプレナー(起業家)の思考に着目し、不確実性を孕んだリーダーの構想こそが戦略の基本だと主張します。

ミンツバーグは、リーダーがビジョンを描く思考(ビジョニング)を“視点”から捉える戦略的思考として、3組の要素と1つの要素から説明しています(**図4-2**)。1組目は、過去と未来を見る視点です(ahead, behind)。2組目は、全体を俯瞰して自身を見る視点です(down, below)。3組目は、他人の意見を聞いたり、事例を調べたりすることから、自身をユニークなものにするための課題や挑戦を明確にして、その結果を見定める視点です(beside. beyond)。見定めることは、過去を整理することで未来を予想する1組目の状況把握の視点とは異なり、自身の未来を具体的にイメージする視点です。最後の7番目は、これらの6つの視点から見たものをそれぞれに関連させて、競争に打ち勝つための「戦略」としてまとめあげる(全体を通して見る)視点です。

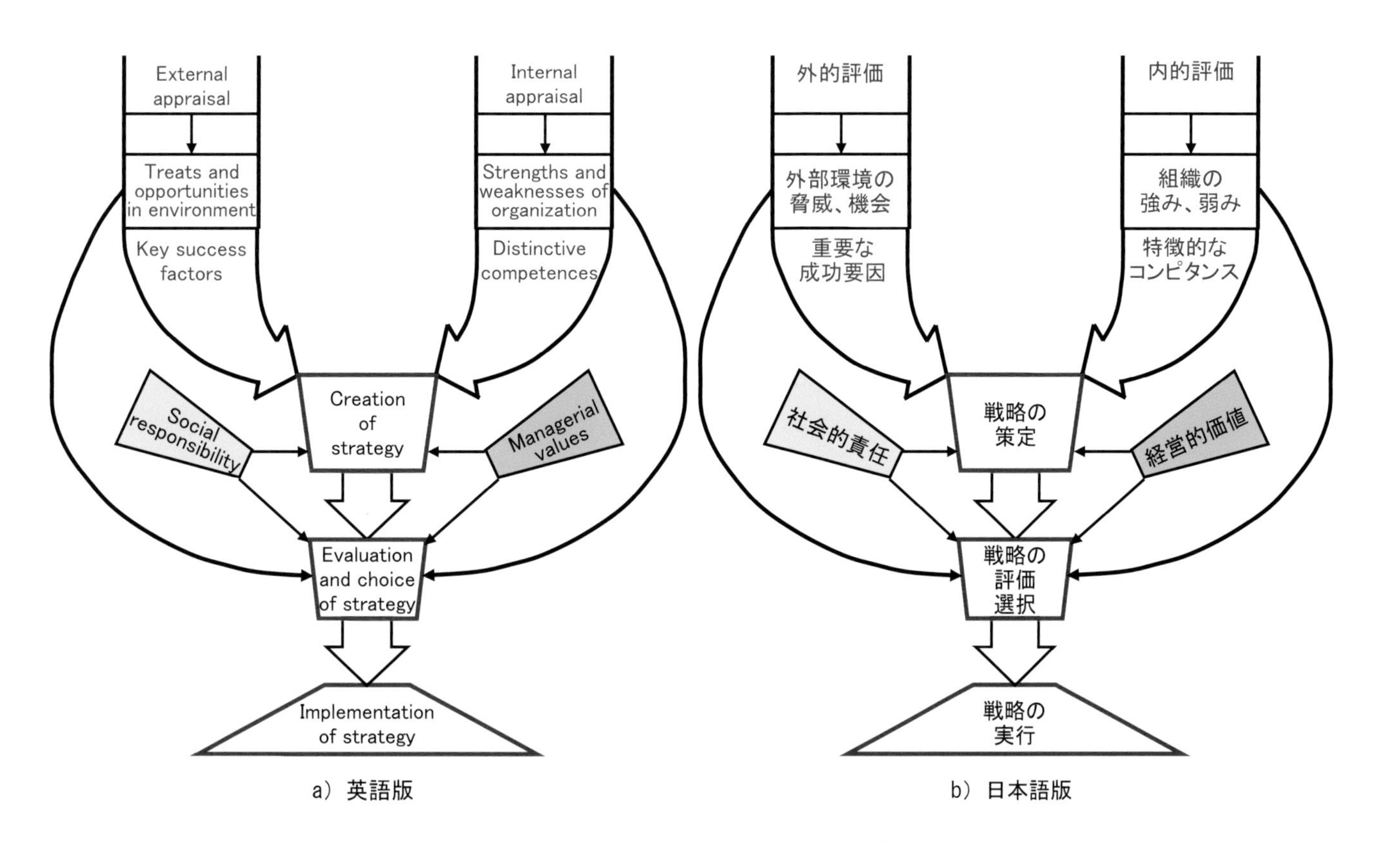

図 4-1　デザイン・スクールの基本モデル[2)]

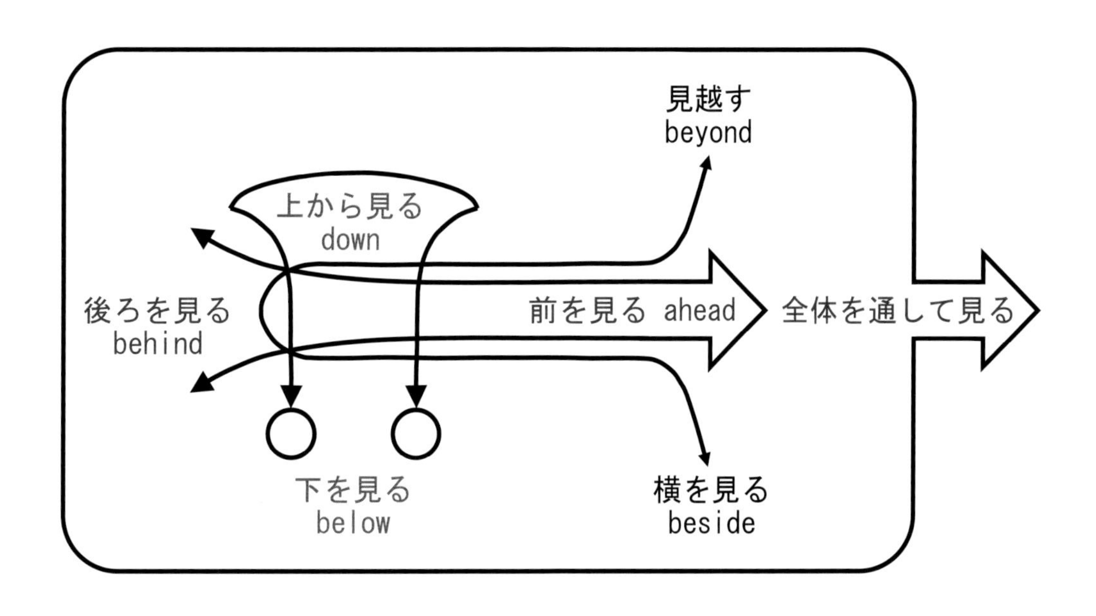

図 4-2　戦略的思考を形成する 3 組の要素とそれらを結びつける 7 つ目の要素[5)]

4-3 カルチャーの変革 旧態から新態へ

日本の地方の観光地における既存の戦略を説明する際、有効なのがカルチャー・スケールの思考です。ここで言う「カルチャー」とは、事物や事象に対して個々人が思い描く世界(世界観、解釈とその解釈を反映する行動)のうち、相互に共有、共感される部分を指します。企業のカルチャーは、リーダーの世界観を中心にして従業員の世界観との共有の程度を高めながら形成されていくので、当該企業の存続期間が長く、規模が大きくなるほど強固になっていきます。むしろ、リーダーの世界観との共有の歴史が企業の成長と言えるかもしれません。

日本の地方の観光地における既存の戦略は、まさに旧来のカルチャー下で形成されてきましたが、アウトバウンドからインバウンドへの転換に、災害やパンデミックによる変化が加わり、カルチャーの急進的な変革が必要とされています。Bjorkman(1989)[6]が指摘した変革までのカルチャーの4段階(以下の鉤括弧)に基づき整理すると、1990年代までは組織の信念体系は外部/内部環境の変化にある程度耐性がありましたが、2010年代以降になると、観光を取り巻く環境はその閾値を越えるほどに変化し、「戦略的漂流」が生じました(**図4-3**)。さらに、それは観光地のプロモーションと旅行者ニーズとのミスマッチに繋がり、観光地全域における収益の低下を招きました。この状況に危機意識を持った一部の事業者の活動によって局地的に収益が上がったことで、「既存の信念体系の凍結解除」が生じ、事業者間の結束力が低下した観光地もあります。近年では、混乱する観光地の再編ために導入されたDMOを中心に、観光地経営を明示した新たなビジョンが示されることも多くなり、現在、「実験と再定式化」が進められています。観光地経営人材は、「安定化」のため、成功事例を積み重ね、地域の自治体、事業者、住民からの信任を高めていく必要があります。

4-4 コンフィギュレーション・スクールの提案

ミンツバーグらの功績は、「戦略」という巨大なテーマに対する様々な視点からの議論を、「戦略」のあるべき姿を論じる規範的なスクールと「戦略」の進め方を説く記述的なスクールに分け、理想だけでは先に進まないことと部分的では全体を捉えられないことを指摘した点にありますが、その目的は、それらの問題に対処できるコンフィギュレーション・スクールを提案することにありました。ここで言うコンフィギュレーションとは、置かれている環境(自然環境、地理的位置、景気動向、社会情勢、流行等)に合わせた組織の構成管理(編成)を意味しますが、コンフィギュレーション・スクールでは、静態的に最適化されたコンフィギュレーションを環境の変化に合わせて変化させるべきものとして動態的に捉え、その変化のプロセスこそが戦略形成であると主張します。そのため、トランスフォーメーション・スクールと呼ばれることもあります。

コンフィギュレーション・スクールの唱える戦略は、組織の成熟度と環境との関係の中で、規範的スクールが示す理想的な戦略を目指し、状況に応じて記述的スクールの思考を選択して実現可能な変革を試みるというものです。例えば、ポーターの戦略を意識しつつ、組織の創業期においてはアントレプレナー、活動が活性化し始める時期においてはラーニング、安定期においてはカルチャーやパワー、完熟期においてはエンバイロンメントの各スクールの思考に基づいて組織の進むべき道筋を決定していきます(**図4-4**)。言わば、「良いとこ取り」の包括的な戦略形成ですが、一時的に最適化されたコンフィギュレーションが、組織の成長や環境の変化によって変化しない訳はありませんし、その時々で採用する視点や手法が異なるという主張には説得力があります。組織編成にゴールはありません。少なくとも戦後から現在まで「変革の時代!」と言われなかった時代はなく、組織には常に変化が求められています。コンフィギュレーション・スクールは、戦略そのものを動態化して捉える点に特徴がありますが、個々の戦略の転換点、転換方法等はそれぞれの現場に任されているので、曖昧な点も指摘できます。

1） 戦略的漂流（ズレの発生）

組織の信念体系と組織を取り巻く環境とのズレが拡大していく、つまりは「戦略の漂流」が進行することから急進的な変化が生まれる。

2）既存の信念体系の凍結解除（信念体系の見直し）

戦略の漂流は、財務の悪化を招き、組織の危機が認識されることになる。そして、それまで疑問視されなかった組織の信念に関心が集まり、見直される。その結果、組織内で緊張と不一致が生まれ、均質だった信念体系にほころびが生じ始める。

3） 実験と再定式化（新たな戦略の策定）

従前の組織の信念体系が学ばれなくなると、組織は混乱の時期を経験する。この期間は、通常、新旧の考えを織り交ぜた新しい戦略的ビジョンの開発につながり、そのビジョンに沿った実験的かつ戦略的な決定に至る。肯定的な結果に対する実感は、新しいやり方に対する信任をさらに大きなものにしていく可能性を有している。

4）安定化（好結果の積重ねによる安定）

肯定的な評価の反復は、うまくいきそうな新しい信念体系に対する組織構成員の信任を徐々に高めていく。

図4-3 カルチャーの変革までの４段階[7)]

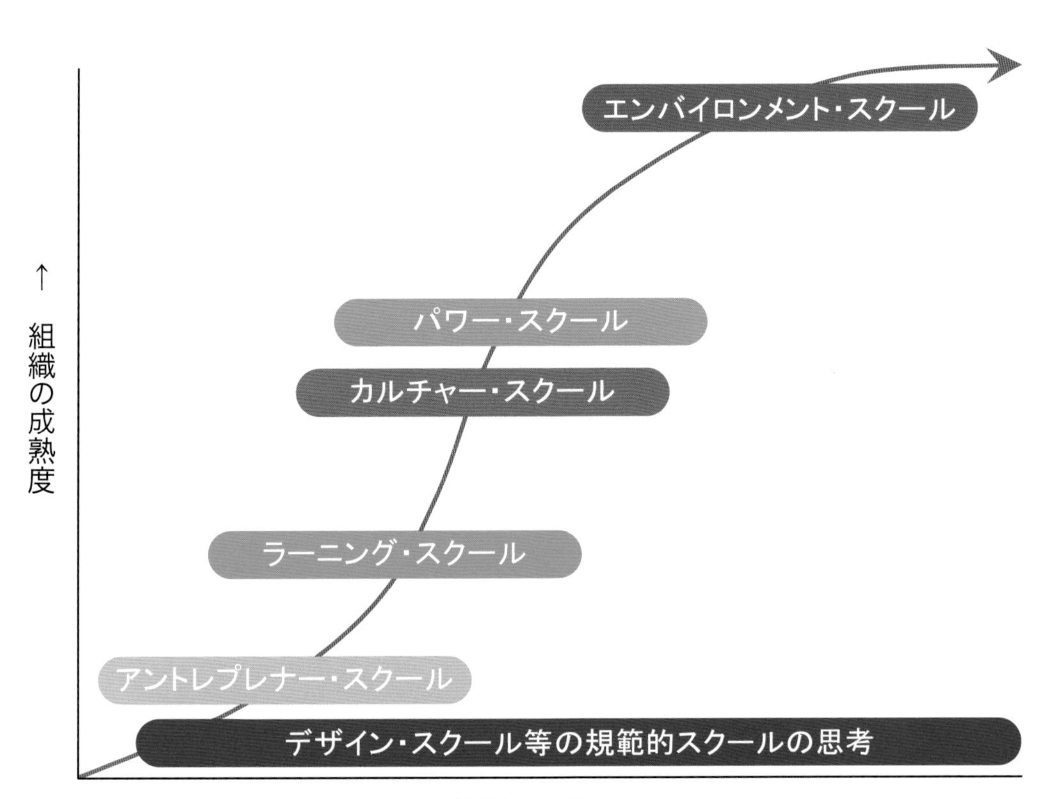

図4-4 包括的な戦略形成の一例

《第４回　ワークシート》

1. 本講義の理解

・デザイン・スクールの特徴とは何ですか。

・アントレプレナー・スクールの特徴とは何ですか。

・カルチャー・スクールで言う「カルチャー」を100字以内で説明してください。

2. 講義内容に関する疑問

・グループ内での検討

・講師の回答

3. グループ・ディスカッションの課題「観光業界における変革」

観光業界における現在進行中の「変革」について話し合い、その結果、生じるであろう問題（弊害）を明らかにしてください。

第5章　インバウンド旅行者の増加

観光の位置づけ

1998年3月に閣議決定された『21世紀の国土のグランドデザイン　地域の自立の促進と美しい国土の創造』[1]では、「文化の創造に関する施策」の一つとして観光振興が取り上げられていますが、当時は長期化した景気の低迷やリゾート法による混乱から観光産業は縮小化傾向にありました。また、国際観光は、アウトバウンドの伸びがインバウンドのそれを大きく上回っていました。こうした状況において、政府は、1996年にウェルカムプラン21(訪日観光交流倍増計画)、2000年に新ウェルカムプランを策定しました。2001年には政権が交代しましたが、政府は観光立国を表明し、前政権の姿勢を引き継ぎました。2003年4月に始まる「ビジット・ジャパン・キャンペーン」はこれを受けたものです。さらに、2006年には観光基本法が全部改正されて「観光立国推進基本法」が制定され、2008年には観光庁が発足したことで、地方分権が唱えられる中、観光振興が国家戦略として進められる法制度的な基盤が整備されることとなりました。

観光振興を国家戦略に取り込んだのは、単に縮小傾向にあった観光関連産業を回復させるためだけではありません。2000年代に入って顕在化した国内人口の絶対的減少に対応するためには、経済的活性の維持を、交流人口の拡大によって担保していく必要性が生じたためです。交流人口の概念は、第四次全国総合開発(1987〜1998年)に登場しますが、交流人口の消費活動がもたらす経済効果が大きく取り上げられるようになったのは、2000年代に入ってからのことです。外客誘致に関しても、高度経済成長前には外貨を獲得するための施策の一つとして推奨されていました。国内の地域間旅行は地域経済、国際間のインバウンド旅行は国家経済において、それぞれ所得の再分配、移転の手段となります。2000年代以降における交流人口の拡大促進は、それだけ地域経済、国家経済が危うい状況に陥っているということを意味しています。

バブル景気崩壊後の「失われた10年」[2]を経て迎えた21世紀の日本経済は、大都市都心部に対する集中的な公共投資によって立ち直りましたが、それは、中央と地方との経済格差を拡大させ、2007年からの世界金融危機によって終息します。「観光立国」の提唱に基づく観光政策は、全国的な経済の落ち込みを回復させたと同時に、中央と地方との経済格差を縮小する方向に作用し、2010年代に入ると、観光産業を中心に景気の回復基調が報告されました。東北地方では、2010年12月に東北新幹線が全線開業し(東京-新青森)、同地方の観光振興に寄与する高速交通として期待されましたが、2011年3月に発生した東日本大震災は、東北太平洋沿岸の市町村に壊滅的な被害をもたらしました。先に見たように、復興の過程で生まれた「観光復興」は、観光の復興よりも観光による復興を指す場合が多く、個人による所得の再分配、移転の手段として、観光が意識されるようになったと言えます。また、行楽を目的とする観光によって培われた観光産業のホスピタリティが、人々の様々な移動にも活用できることが分かり、観光の定義が大きく拡充された時代でもあります。

2010年代に入ってインバウンド誘致は一層強調されるようになりましたが、その進捗は全国一様ではありませんでした。さらに、2019年末に始まるCOVID-19のパンデミックによって、訪日外国人数は激減してしまいます。同パンデミックは、Smith(1989)[3]が示すところの「観光に対する地域の肯定的承認」を変化させると共に、インバウンド一辺倒の観光神話を崩壊させる「観光のパラダイムシフト」を引き起こしました。インバウンドは確かに有効ですが、それを当てにできなくなった場合に備えたリスクヘッジを用意しておく必要があります。

5-1 インバウンド旅行客の推移

日本政府観光局(JNTO)の『日本の観光統計データ』[4]から作成したグラフを見ると、高度経済成長期後の日本は、一貫して出国日本人数が訪日外客数を上回っていることが分かります(**図5-1-1**)。特に、1980年代後半から1990年代前半においては、貿易黒字を減らすために政府が日本人の海外旅行を推奨したことやその後のバブル景気が、海外旅行ブームを引き起こした結果、出国日本人数が大幅に伸びました。しかしながら、2000年代からは、外客誘致政策(インバウンド政策)が強力に推進され、2015年以降は、2021年を除いて訪日外客数が出国日本人数を上回るようになりました。

2020年以降のデータにはCOVID-19のパンデミックによる影響が現れていますが、2016～2019年の伸びを示すカーブからは、いくつかの国と地域からの外客数は、パンデミック前において既に頭打ちの傾向にあったことが読み取られるので、パンデミックが無かったとしても、観光戦略の再考が必要になっていたと考えられます。なお、1974～2023年の［訪日外客数］／［出国日本人数］の値を見ると、1995年が最低であり(0.22)、同値が最も高くなるのは2023年です(2.61)[5]。COVID-19のパンデミックによる大幅な落ち込みからの回復は、外客の方が早かったようです。

外客の出身国／地域別に見ると、2000年代においては、韓国からの訪日が主でしたが、2010年代になると、免税制度の拡大や中国ビザの緩和等から、中国人旅行者を主に外客数が急増しました(**図5-1-2**)。日本国内では、「爆買い」が2015年の流行語大賞に選ばれましたが、バブル期に日本人旅行者が海外で行っていた行為と同じですし、現在はインターネットによる電子決済も進んでいますから、買物が永続的に訪日の主要目的になることはないでしょう。パンデミック以降の動向からは、韓国、台湾からの外客の戻りが早いことが分かりますが、外客は各国政府の方針や政治的感情に左右されやすい、不安定かつ予測困難な観光需要者であることに十分な注意が必要です。

5-2 観光の経済効果

観光庁の試算によれば、2019年における日本の人口1人当たりの年間消費額は130万円であり、定住人口1人分の消費額を交流人口のそれで補おうとすると、外国人旅行者8人、国内宿泊旅行者23人、国内日帰り旅行者75人のいずれかの消費行動が必要になるということです(**図5-2**)[6]。外国人旅行者の消費意欲は国内旅行者のそれに比べて高いことや宿泊日数の延長が期待されることから、今後、彼ら向けの高単価の商品やロングステイを提案する商品が開発された場合には、より少数の誘客で経済活動を維持することができるようになると予想されています。

しかしながら、こうした勘定は、マクロ経済レベルでの話で、地域経済においては、定住人口1人の減少を8人の外国人旅行者の消費活動で補うことは難しくなります。2019年の観光庁『訪日外国人消費動向調査』[7]によれば、彼らの支出の内訳は、宿泊費29.4%、飲食費21.6%、交通費10.4%、買物代34.7%、娯楽等サービス費4.0%、その他0.0%となっており[8]、消費対象が限定的で、中央資本に利益が流れやすい構成になっていることが分かります。一方で、総務省統計局『家計調査』[9]による2019年における二人以上世帯の家計支出の内訳は、食料25.7%、住居5.8%、光熱水道7.5%、家具家事用品3.9%、被服及び履物3.7%、保健医療4.7%、交通通信14.9%、教育3.9%、教養娯楽10.0%、その他の消費支出19.9%となっていて、支出先が多岐に渡り、地域に落ちる利益が外国人旅行者の消費活動よりも多いことが推測されます。

全国的に進められている交流人口拡大政策を受けて、地方が観光振興による利益を地域内で上げていくためには、非観光産業の事業所が積極的に観光に関与し、観光産業の事業所もまたそうした事業所との親和性を高めていく必要があります。観光に対する地域の承認を得る上でも、今後の観光地経営は、観光産業と非観光産業との連携に大きく影響されると言えます。

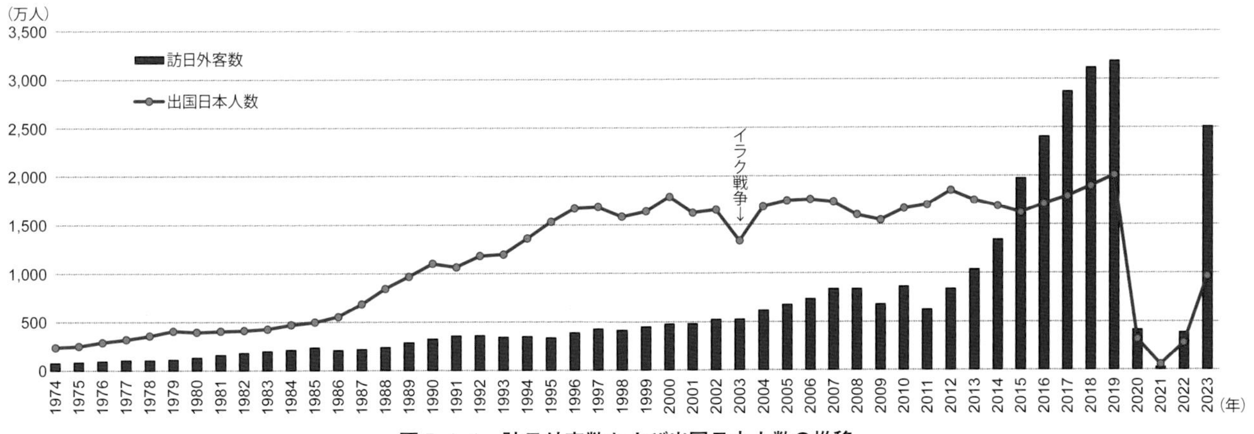

図 5-1-1　訪日外客数および出国日本人数の推移

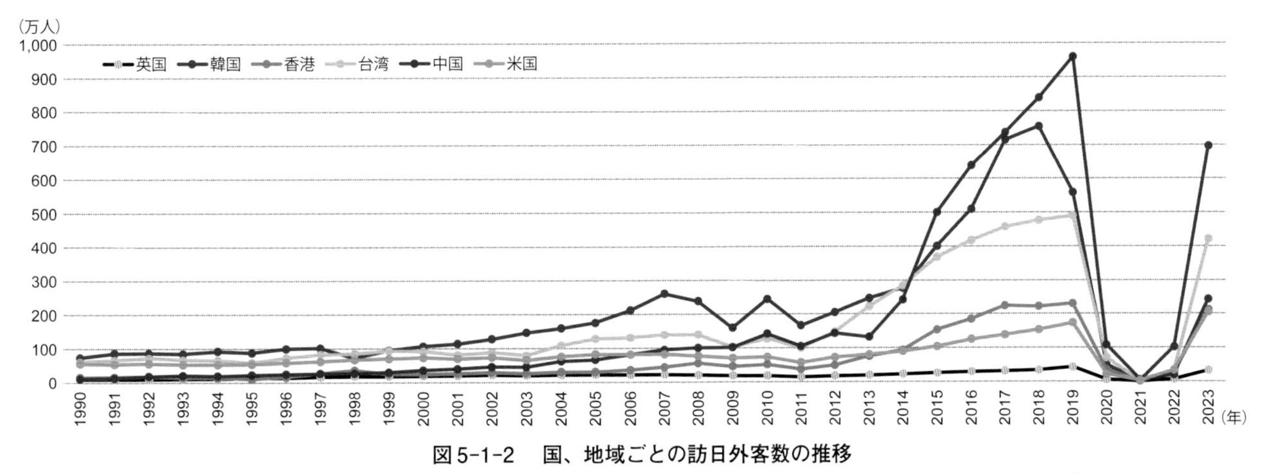

図 5-1-2　国、地域ごとの訪日外客数の推移

資料：日本政府観光局「日本の観光統計データ」[4]（2023 年は暫定値）

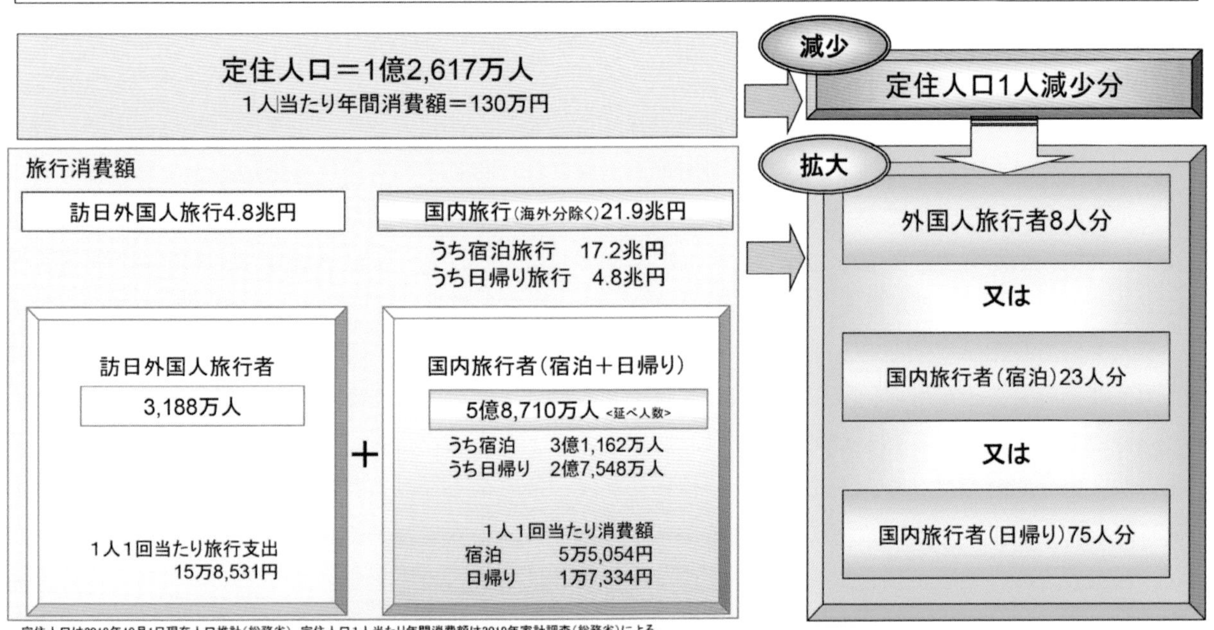

図 5-2　交流人口の経済効果[6]

5-3 地域間の差異

2010年代における外国人旅行者の急増には地域差があります。宿泊者総数の地方ブロック単位での増減を『宿泊旅行統計調査』[10)]の運輸局別(沖縄県は単独で総合事務局)に見ると、北海道、関東、中部、近畿、九州、沖縄の増加が顕著です(**図5-3-1**)。東北は、面積が広いので、絶対数は多いのですが、それでも同規模の九州よりも少なく、伸びも横ばいです。

宿泊総数の増加は、外国人旅行者によるものですが、2019年には関東で外国人宿泊者数が4千万人泊を超えた一方で、東北、北陸、中国、四国では、5百万人泊にも達しておらず、関東と近畿に集中する傾向にありました(**図5-3-2**)。宿泊者総数から外国人宿泊者数を引いた値を日本人宿泊者数とすると、関東と近畿で2019年に突出が見られる以外、全国的にはほぼ横ばい傾向にあり、北陸では減少傾向が指摘されます(図省略)。日本人宿泊者数の伸びが低迷する中で、外国人宿泊者数が伸びた結果、宿泊者総数に占める外国人旅行者の比率は、全国で4.4%(2011年)から19.4%(2019年)にまで上昇しました(**図5-3-3**)。この傾向は、地方ブロック単位での結果にも指摘できますが、東北は2019年の段階で4.2%であり、10ブロック中の最下位です。この値は、2011年の全国値よりも下回っています。地理的な位置関係や交通ネットワークが外国人旅行者の受け入れに不利であることに起因すると思われますが、東北の外国人旅行者の受け入れは、全国的傾向よりも10年遅れていると言えます。

外国人旅行者の地域的な差異は、彼らの移動の発地である国や地域にも指摘できます。2019年における彼らの国籍(出身地)の比率を見ると、全国的には、中国(30.1%)、台湾(13.6%)、韓国(9.8%)の順になりますが、中部では中国が55.0%、東北では台湾が44.6%、九州では韓国が34.3%になり、関東では中国(27.1%)に次いで米国(11.5%)となっています(**図5-3-4**)。

5-4 COVID-19のパンデミックによる影響

2019年末に始まるCOVID-19のパンデミックは旅行者の大幅な減少を招きましたが、それだけにはとどまりませんでした。外国人旅行者が消えた日本国内では、感染力の高い危険な感染症が流行り始めたということで、人々は自主的に移動を控えるようになり、「綺麗で清潔な国」であった日本において公衆衛生に関する新たな社会規範が生まれました(**図5-4**)。さらに、政府の緊急事態宣言によって、自粛が「移動制限」に変わると、自宅外活動に慎重にならざるをえない人々とそう言ってもいられない人々との二極化が発生しました(山田、2021)[11)]。

一方で、交流人口減となった地域の経済を支援するために、GoToトラベル事業が遅れる中で、機動力のある市町村から移動を促すような個別施策が実施され、移動そのものにも地域差が生まれてしまいました。自粛や制限をしている人々やそれを知っている人々が暮らす地域への来訪者は彼らから回避されると共に、来訪者や移動者を避難する声も出てきました。ただし、来訪者を見て、あるいは自身も移動することによって、「大丈夫」という自己判断を行った人々の中には、自粛をやめて行動範囲を拡大する人もいました。

国、都道府県、市町村の施策にタイムラグが生じるのは当然のことですし、行政は人々の安全、安心と経済の安定を確保する必要がありますし、個々人の考えを理由なく否定することもできません。誰が悪いかという問題ではなく、来訪者やその行動に住民が敏感になり、旅行に対して地域の肯定的承認が常に得られる訳ではなくなったこと、地域が外国人旅行者の不安定性や地域経済の脆弱性にきづき、自立、自走のための地域主義を意識するようになったこと、といった事実を客観的に受け入れることが重要です。従前は、良くも悪くも住民や非観光関連事業者の観光に対する意識は決して高いものではありませんでしたが、Post COVID-19のインバウンド戦略は、地域における観光のあり方(パラダイム)がシフトしたことを認識して構築される必要があります(少人数化、高品質化など)。

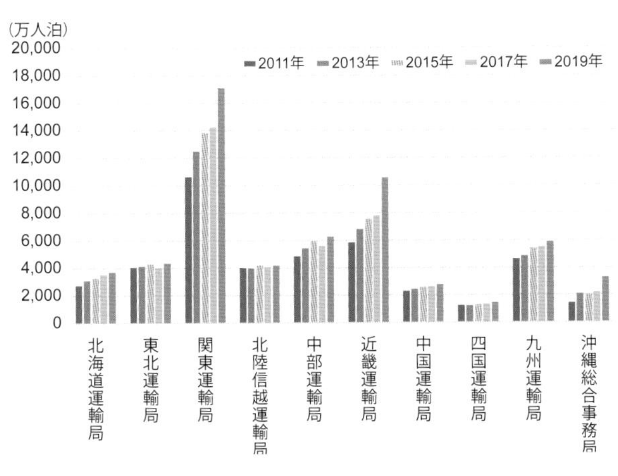

図 5-3-1　運輸局等別の宿泊者総数の推移

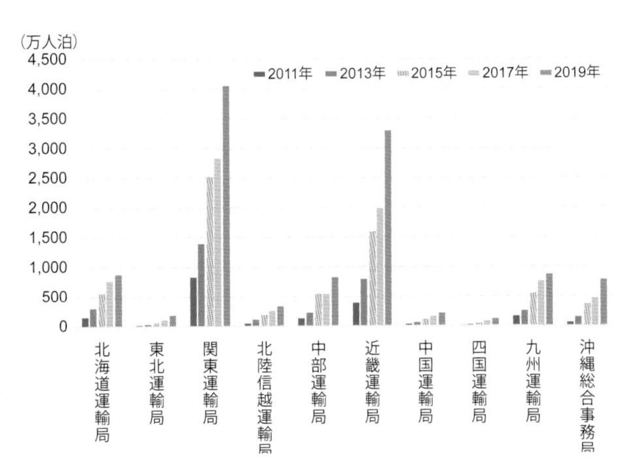

図 5-3-2　運輸局等別の外国人宿泊者数の推移

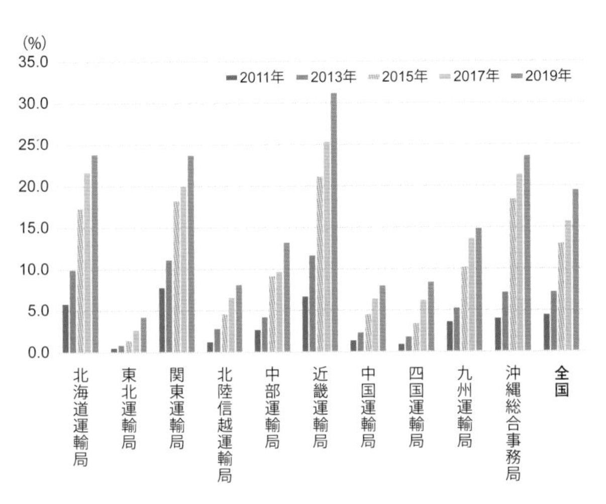

図 5-3-3　宿泊者総数に占める外国人旅行者の比率

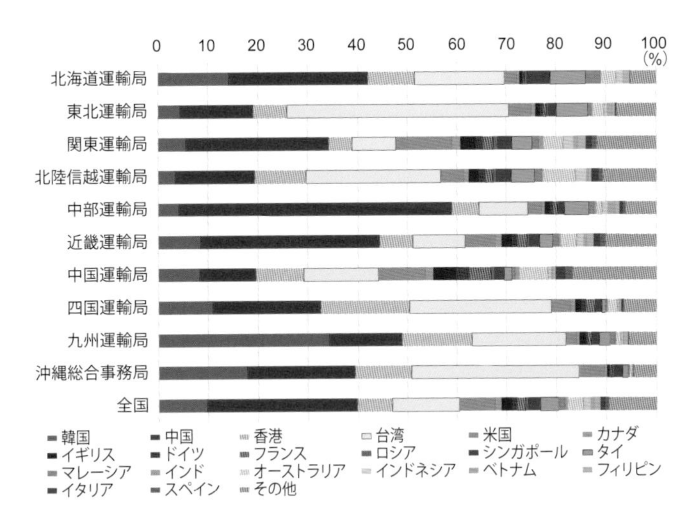

図 5-3-4　外国人旅行者の国籍、出身地の比率(2019 年)

資料：観光庁「宿泊旅行統計調査」、図 5-3-4 のみ従業員数 10 人以上の施設対象

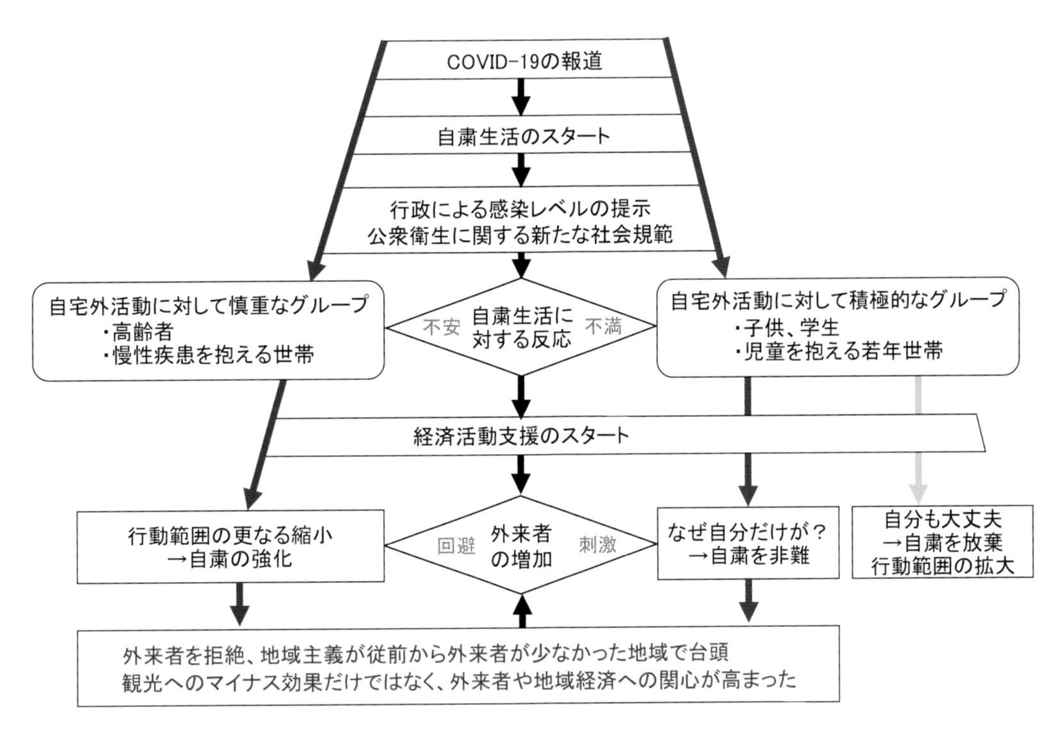

図 5-4　行政による指示やそれによって可視化された社会規範に始まる地域住民の変化

《第５回　ワークシート》

1. 本講義の理解

・日本政府観光局(JNTO)とはどのような組織ですか。

・観光に対する地域の承認とは何ですか。

・東北地方で外国人旅行者の来訪が少ない理由を100字以内でまとめてください。

2. 講義内容に関する疑問

・グループ内での検討

・講師の回答

3. グループ・ディスカッションの課題「COVID-19のパンデミックによる影響」

COVID-19のパンデミックによる変化を上げ、Post COVID-19の観光のあり方について、主に観光商品の造成という観点から議論してください。

第6章　持続可能な観光

観光地経営戦略の基盤となる観光の持続可能性

持続可能性について語る時、意識しておかなければならないことが2つあります。まず、何を持続するのかという点です。次に、なぜ「持続」なのかという点です。弊害を伴わないのであれば、「持続」ではなく、更なる「増大」や「拡張」を考えるべきではないでしょうか。「持続」という言葉が選ばれるのは、「増大」や「拡張」をもはや望めないほどの状況に陥っているからです。本書で言えば、第1章の『地域における観光の役割と効果』で、相対的成長が持続可能な成長を意味すると述べましたが、それは、日本ではもはや生産性を「増大」させる絶対的成長を望むことはできず、生産性を「持続」させる相対的成長を達成するしか生き残る選択肢がないということです。

持続可能性に関する議論は、2015年9月の国連サミットにおいて、『持続可能な開発のための2030アジェンダ』が全会一致で採択されてから特に活発になりました。そこに記載されたSDGs(持続可能な開発目標；Sustainable Development Goals)は、2030年までに達成する17の国際目標で、持続可能な開発は、「将来の世代がそのニーズを充足する能力を損なわずに、現世代のニーズを充足する開発」と定義されています。SDGsの目的は、地球と人類を「持続」させることで、それほど大きな危機が眼前に迫っていることを我々は認識する必要があります。カラフルなロゴやそこに描かれた標語を見たことがない人はいないはずです。しかし、SDGsを理解するためには、標語だけではなく、その内容にまでしっかりと目を通しておく必要があります。

世界観光機関によれば、持続可能な観光(sustainable tourism)は「訪問客、産業、環境、受け入れ地域のニーズに適合しつつ、現在と未来の経済、社会、環境への影響に十分配慮した観光」と定義されています[1)]。持続可能な観光の振興のために2007年に発足した国際非営利団体であるグローバル・サステナブル・ツーリズム協議会(Global Sustainable Tourism Council；GSTC)は、SDGsの提唱よりも早く、2008年に『観光産業基準』(Global Sustainable Tourism Criteria for Industry；GSTC-I)、2013年には『観光地基準』(Global Sustainable Tourism Criteria for Destinations；GSTC-D)を策定しました。そして、その後、SDGsが提起されると、それに対応した改訂を行い、2019年12月にGSTC DESTINATION CRITERIA v2.0(GSTC-D、名称変更なし)[2), 3)]を公表しました。これを受けて、日本では、観光庁が2020年に『日本版持続可能な観光ガイドライン』[4)](Japan Sustainable Tourism Standard for Destinations；JSTS-D)を策定しました。

観光は、多様化する傾向にありますが、基本的に文化遺産や自然環境そのものを一般消費者に提供する活動です。そのため、その舞台となる観光地は、SDGsが提起する課題に最も真剣に対処しなければならない地域であるといえます。世界標準として策定されたGSTC-Dもそれを受けて日本で策定されたJSTS-Dも、観光地が地球や人類の将来を考えた責任ある行動を選択するための基盤(持続可能な観光を提供する基盤)を、基準(CriteriaないしはStandard)をクリアすることによって整備するという構成になっています。

観光地経営戦略の策定、実施はいずれにおいても基準の筆頭に上がっていますが、その内容は、持続可能な観光への取組とその具体的な内容を明記することが条件になっています。ただし、観光地が競争を勝ち抜くための「戦略」は、基準をクリアすることによって整備される基盤の上に構築されるべきものと考えます。なぜなら、「戦略」には差別化が必要であり、そこでは基準ではなく、個性や独創性が重視されるからです。

6-1 SDGsの捉え方

SDGsには1から17の数字が付されていますが、目標達成の優先順位を示すものではありません。むしろ、SDGsの3つの核と呼ばれる、経済成長、社会的包摂、環境保護のバランスに注意し、全てのSDGsに向けた取組を同時に進めていくことが求められます。ただし、事業所や個人の置かれている環境はそれぞれに異なるので、個々の活動においては、「できることから始める」ことが勧められています。

経済成長、社会的包摂、環境保護に照らしたSDGsの捉え方とは別に、SDGsの対象となる、人(People)、豊かさ(Prosperity)、地球(Planet)、平和(Peace)、連携(Partnership)に分類する捉え方(5Ps)[5]や、対象とする圏域を、生物圏(Biosphere)、社会圏(Society)、経済圏(Economy)に分類し、その中軸に連携(Partnership)を据えるといった捉え方[6]などがあります(**図6-1**)。

構成を見ると、17のSDGs(目標)には、169のTargets(課題)が設定されており、それぞれの課題に対する取組の進捗を測るために、232にまとめられたindicator(指標)が示されています[7]。Targetは、基本的に目標に対する具体的な課題で、数字が振られていますが、課題を達成させるための手段や方法も併せて示されていて、こちらはアルファベットが振られています。

誰が、どこで、どのように進めるかが問題ですが、SDGsの内容に異論を唱える人はいないでしょう。地球と人類のためを考えた目標はいずれも素晴らしいものですし、非常に分かりやすく構成されているので、誰もが理解できます。結果的に、SDGsは「取り組んだ方が良い」目標ではなく、「取り組まなければいけない」目標となっています。国や企業は、こうした状況を外部環境の変化と捉えて、明確な対応を対外的に示していく必要があります。非の打ち所がない誰もが理解できる内容なだけに、SDGsに対応できなければ、イメージを大きく下げることになるからです。

6-2 SDGsに示された観光の位置づけ

「観光」は、17のSDGsのうち、経済成長と雇用に関する目標(8)、消費と生産に関する目標(12)、海洋資源に関する目標(14)に設定された課題に明記され(8.9、12.b、14.7)、それぞれを測る指標が示されています(8.9.1、8.9.2、12.b.1、14.7.1)(**図6-2**)。観光に携わる者が、これを看過することはできず、経済成長、雇用、消費、生産、海洋資源に関わる3つの目標を特に意識して、自身の活動に反映させていく必要があります。そんなことは言われずとも、従前から経済、雇用、文化、産品の促進、振興は意識して活動してきたと思われるかもしれませんが、上述のように、SDGsに取り組むということは、それを広く一般に周知させることでもあります。

公共の利益に繋がるSDGsに自治体が取り組む理由は明白ですが、事業所や事業所の連携によって管理、運営していこうとしている観光地の場合はどうでしょうか。地球と人類の将来のためのSDGsですから、それらに取り組むのは、企業の社会的責任(CSR：Corporate Social Responsibility)となります。CSRによるSDGsへの取組は、企業のイメージを向上させ、利益にも反映されますが、参画することが当たり前になってくると、SDGsに対する受動的な取組は、企業に圧迫しかもたらさなくなります。企業がCSRによる活動を長期的な利益に結びつけて考えようとするならば、それを自社にとっても価値のあるものに転換していく必要があります(Porter & Kramer, 2011[8]など)。このような企業活動を共有価値の創造(CSV：Creating Shared Value)と呼びます。

例えば、SDGsの理解を社員教育に導入することで、エネルギー利用や雇用関係に関する事業所内の非効率性を改善するとか、製造ラインの再考や新製品の開発によってコスト削減や収益増を実現するというように、SDGsへの参画を能動的に捉え、自社活動の革新に繋げていくような思考が、SDGsへの真の取組になっていくはずです。

5つのP（対象）

経済圏 ECONOMY
社会圏 SOCIETY
生物圏 BIOSPHERE

ウェディングケーキ・モデル（圏域）

図6-1　SDGsの捉え方[4, 5]

目標（8）：すべての人々のための持続的、包摂的かつ持続可能な経済成長、生産的な完全雇用およびディーセント・ワークを推進する

課題（8.9）　：2030年までに、雇用を創出し、地域の文化や産品を振興する持続可能な観光を促進するための政策を考案し実施する
指標（8.9.1）：GDP全体に占める観光業の直接GDPの割合と成長率
指標（8.9.2）：全雇用に占める観光産業の雇用数の割合と雇用成長率（男女別）

目標（12）：持続可能な消費と生産のパターンを確保する

課題（12.b）：雇用を創出し、地域の文化や産品を促進する持続可能な 観光のために、持続可能な開発の影響を測定するツールを開発し実施する
指標（12.b.1）：持続可能な観光戦略または政策、および実施された行動計画の数

目標（14）：持続可能な開発に向けて、海洋、海と海洋資源を保全し、持続可能な形で利用する

課題（14.7）：2030年までに、漁業、養殖業、 観光の持続可能なマネジメントを通じて、海洋資源の持続可能な利用からSIDS（小島嶼開発途上国）とLDCs（後発開発途上国）にもたらされる経済的利益を増大させる
指標（14.7.1）：小島嶼開発途上国、後発開発途上国、およびすべての国のGDPに占める持続可能な漁業の割合

図6-2　課題に「観光」が明記された目標、とそれを測る指標
資料：外務省「JAPAN SDGs Action Platform」[7]

6-3 GSTC-Dの内容

GSTC(グローバル・サステナブル・ツーリズム協議会)が策定したGSTC-D(観光地基準)は、A)持続可能なマネジメント、B)社会経済のサステナビリティ、C)文化のサステナビリティ、D)環境のサステナビリティ、という4つのセクションから構成されていて、それぞれに2つないしは3つのサブセクションに分かれています(図6-3)。Criteria(基準)は、サブセクションごとに示され、その具体的なIndicator(指標)となる取組が付されています。Aには、観光地自体の持続可能性を担保するための基準が格納されているのに対して、B、C、Dには、観光が直接的、間接的に関与する対象の持続可能性を担保するための基準が格納されています。本文には、セクションの順序は重要度を示すものではないと記されていますが、AとB、C、Dは区別した方が分かりやすいと思います。

B、C、Dで扱う社会経済、文化、環境は、SDGsの3つの核である、経済成長、社会的包摂、環境保護に対応しますが、社会と経済を一括りにして、文化(文化遺産、文化資源)を単体のセクションで取り上げている点に、観光地基準の特徴が現れています。訪問、体験の対象と考えると、B、C、Dは更に、BとC、Dに分けて考えることができます。

各セクションに格納されているCriteriaは、Aが11項目、Bが8項目、Cが7項目、Dが12項目です、各項目には対応するSDGsが示されているので、簡単に集計してみると、Aは目標11(まちづくり)に6項目、目標12(責任)に5項目、目標17(パートナーシップ)に4項目、Cは目標11(まちづくり)に6項目、Dは目標14(海の豊かさ)に6項目、目標15(陸の豊かさ)に5項目が対応し、Bは目立った重複はありません。SDGsの課題に「観光」が明記されているのは目標8、12、14でしたが、GSTC-Dでは、結果的に17全ての目標に対応しています。GSTC-Dは、国連加盟国における観光地として認められるための「基準」ですから、観光地の差別化は、それらの要件を満たした上で進められる必要があります。

6-4 GSTC-DとJSTS-Dとの関係

GSTC-DとJSTS-D(日本版持続可能な観光ガイドライン)に使われている“D”は、destinationを指しています。GSTCは、destinationを「地域」と訳していますが、UNWTO(世界観光機関)は、destinationを「来訪者が宿泊することができる物理的な空間で、行政区域や境界線がある場合も、ない場合もある。また、商品およびサービスや、観光のバリューチェーンに沿った活動や体験の集積であり、観光を考える上での基本単位となる。destinationは、様々なステークホルダーを組み入れ、より大きなdestinationを形成するために連携することが可能である」と定義しているので、本書では、これまでも同単語を日本で言うところの「観光地」と訳してきました。

GSTCは、GSTC-Dの日本語版をホームページで公開していますが、原文(ここでは英語)を直訳するだけでは逆に内容が分かりにくくなる場合があります。観光庁は、こうした問題に対処するために、日本の観光事情や時流に考慮しながら、意訳を交えてGSTC-Dを翻訳し、日本語話者が分かりやすい観光地の標準としてJSTS-Dを公表しました。

そのため、JSTS-Dの構成はGSTC-Dのそれと同じで、セクションは「カテゴリ(大)」、サブセクションは「カテゴリ(小)」としてほぼ直訳されています。ただし、「大項目」と呼んでいるCriteriaについては、日本の実状に即して、新たな項目を設定したり、表記を変えたりしています(図6-4)。しかしながら、最大の特徴は、これらの「本文」の後に、当該項目を満たすことの重要性を示唆する「考え方」と資料や先行事例にリンクが張られている「参考資料」が付されていることです。さらに、「ネクストステップ」として取組を展開していくためのヒントが記載されている箇所もあります。JSTS-Dは、地球や人類の持続可能性を重要視することに不慣れな日本の観光地において、世界標準の基盤整備を行うための文字どおり「ガイドライン」になっています。

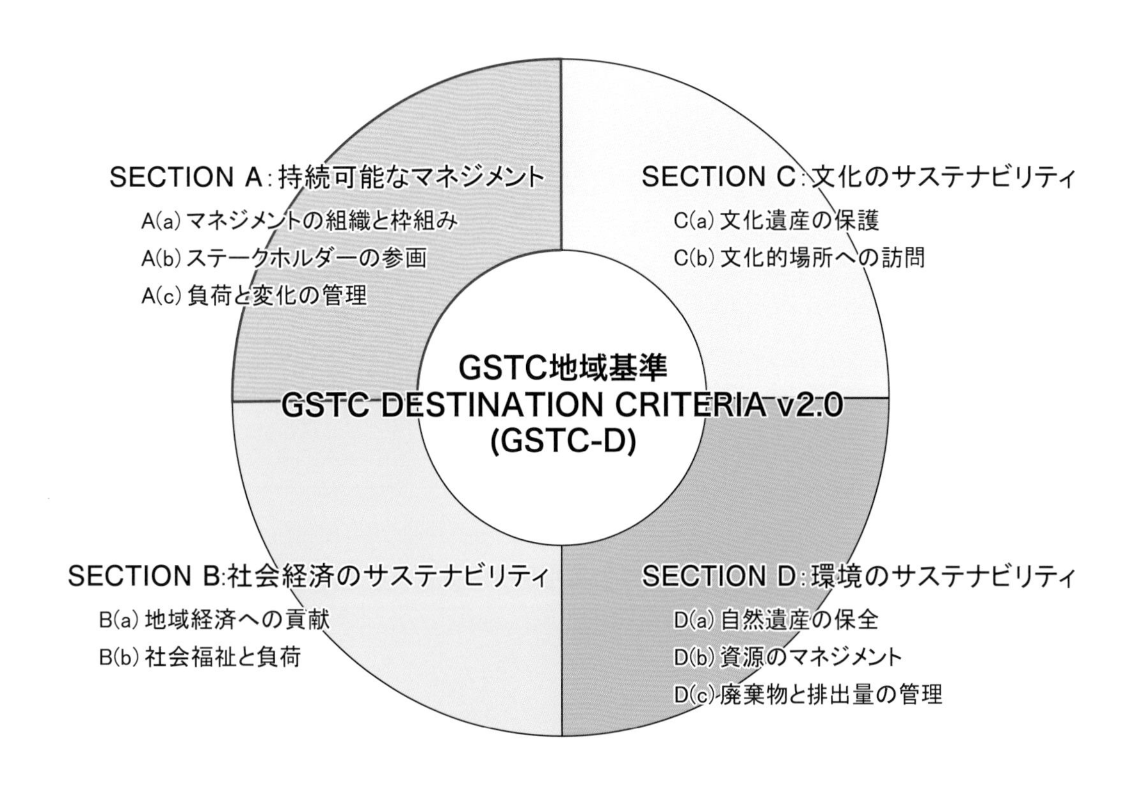

図6-3　GSTC-Dの４セクションと10のサブセクション

資料：GSTC-D[2),3)]

A(a)　A1　観光地経営戦略と実行計画　17
A2　観光地経営の責任　16,17
A3　モニタリングと成果の公表　12
A4　観光による負荷軽減のための財源　12,17
A(b)　A5　事業者における持続可能な観光への理解促進　12,17
A6　住民参加と意見聴取　11,17
A7　住民意見の調査　11,12
A8　観光教育　9,11
A9　旅行者意見の調査　11,12
A10　プロモーションと情報　11,12
A(c)　A11　旅行者の数と活動の管理　11,12
A12　計画に関する規制と開発管理　9,11
A13　適切な民泊運営　11,17
A14　気候変動への適応　13
A15　危機管理　11,16
A16　感染症対策　3,11,16

B(a)　B1　観光の経済効果の計測　1,8,9
B2　ディーセント・ワークと雇用機会　4,5,8,10
B3　地域事業者の支援と公正な取引　2,8,12
B(b)　B4　コミュニティへの支援　3,4
B5　搾取や差別の防止　10,16
B6　地権と使用権利　11,16
B7　安全と治安　3,16
B8　多様な受入環境整備　3,10

C(a)　C1　文化資産の保護　11
C2　有形文化遺産　11
C3　無形文化遺産　11,12
C4　地域住民のアクセス権　11
C5　知的財産　16
C(b)　C6　文化遺産における旅行者の管理(把握)　11,12
C7　文化遺産における旅行者のふるまい(マナー)　11,12
C8　観光資源の解説　4,11

D(a)　D1　自然遺産　14,15
D2　自然遺産における旅行者の管理　14,15
D3　自然遺産における旅行者のふるまい　14,15
D4　生態系の維持　14,15
D5　野生生物の保護　14,15
D6　動物福祉　14,15
D(b)　D7　省エネルギー　7
D8　水資源の管理　6
D9　水質　3,6
D(c)　D10　排水　3,14
D11　廃棄物　12,14,15
D12　温室効果ガスの排出と気候変動の緩和　13
D13　環境負荷の小さい交通　9,13
D14　光害(GSTS-Dでは「光害と騒音」)　3,11
D15　騒音　3,11

:JSTS-Dで独自設定、　:内容的に若干改変

※後ろに付した数字は対応するSDGsの目標番号

図6-4　JSTS-Dの大項目

資料：JSTS-D[4)]

《第６回　ワークシート》

1. 本講義の理解

・SDGsの5Psとは何ですか。

・CSVとは何ですか。

・GSTC-DがSDGsの17の目標全てに対応している理由を考え、100字以内でまとめてください。

2. 講義内容に関する疑問

・グループ内での検討

・講師の回答

3. グループ・ディスカッションの課題「GSTC-DとJSTS-Dとの関係」

GSTC-D（https://www.gstcouncil.org/wp-content/uploads/GSTC-Destination-Criteria-v2.0-Japanese.pdf）とJSTS-D（https://www.mlit.go.jp/kankocho/content/001350849.pdf）を比較して、JSTS-Dの特徴を話し合ってください。

第7章　観光形態の多様化

一般化と多様化

広辞苑(第7版、2018)[1]で「一般化」を引くと、「個別的な違いを捨て共通のものを残すことによって広く通じる概念・法則を作ること。また、部分的に成り立つ事柄を全体的に成り立つ事柄として主張すること。」とあります。対象とする事物の大半に指摘できる普遍的な特徴を、それぞれ帰納法的、演繹法的に抽出することを念頭においた説明だと考えられますが、普遍的な特徴の抽出は、近代科学が求める「解答」です。しかしながら、行楽を目的とする狭義の「観光」においても、日常生活圏を離れる移動全般を指す広義の「観光」においても、人々は着地となる地域(destination)の個性に誘引されて移動を決定します。東京に居ても可能な体験をわざわざ山形まで移動して行おうとする人はいないはずです。観光することを決めかねている潜在的移動者を観光に導くために提供する情報にしても、現地に到着した移動者に提供するオプション観光の情報にしても、「どこにでもあるものではないもの」が基本となります。科学的な思考は必要になりますが、「一般化」された観光地は生き残ることができません。観光地がやらなければならないことは科学ではありません。観光地には、「どこにでもあるものではないもの」を見つけ出し、それをビジネスに取り込み利益を上げること、つまりは他にはない新商品を売り込むことが求められます(山田、2024)[2]。

「どこにでもあるものではないもの」は、地域を一般化する過程で捨象される地域特性が基本となりますが、それだけには限りません。むしろ、そうした科学的な手法によって指摘される地域特性とは別に、新たに、あるいは独自に創出される個性の方が、「どこにでもあるものではないもの」に対する希少性を高め、その分だけビジネス・チャンスの可能性を高めます。例えば、川は日本全国に流れていますが、それぞれの川には治水、利水、輸送手段等に関する歴史があり、それに応じた文化が育まれてきました。科学的にはこうした歴史や文化が地域特性と呼ばれます。これを観光資源とすることは可能ですが、川の歴史・文化は川の数だけあるので、その内容が特に面白い川であっても説明の仕方や見学の仕方で競合する川がたくさん出てきます。一方、川の歴史や文化に一切関係なく、地形や水量を利用したラフティングを提案した場合、この人為的な仕掛けを導入している川はまだ日本には少ないので、希少性を観光の対価に加えやすくなります。

「どこにでもあるものではないもの」を「そこにしかないもの」として定着させることは、観光地の差別化に他なりませんが、「そこにしかないもの」が定着するほど希少性は低下し、「ほかにもあるもの」に変わっていきます。当該観光地の成功を見て商品を模倣する他の観光地が生まれるからです。また、「どこにでもあるものではないもの」を探し出し、あるいは作り出すのは観光地ですが、それを「そこにしかないもの」と評価するのは旅行者です。旅行者は、訪問回数に比例して当該観光地の魅力に慣れていきますし、その要求は高度かつ複雑になっていきます。こうした観光地の「複製化」や「陳腐化」は、観光地の「老朽化」に繋がっていくので、観光地は、追従する観光地に追いつかれないように、さらにはリピーターの満足度を低下させないように、改変を繰り返して「そこにしかないもの」の希少性を維持してきました。観光地が「一般化」されることを嫌い、独自のアンチ・エイジングを進めることで観光は多様化してきたと言えます。かつて、温泉旅館は自館のリピーターを確保するために、定期的に館内施設の増改築を繰り返していましたが、温泉旅館に限らず、事業所単位の努力だけで多様化する観光に対応することはできなくなりつつあります。観光地経営人材は、観光が多様化してきたメカニズムを理解し、それぞれの観光の特性に合わせた対応の仕方を考える必要があります。

7-1 世代交代による観光の多様化

観光は、観光地を舞台とした旅行者主役のお芝居のようなものです。主役である旅行者は、彼らが期待する非日常を演じる(体験する)ために、自らのお金と時間をかける訳ですから、観光地側は彼らの希望(ニーズ)にそれに合わせて旅行を演出します。つまり、旅行者が代われば旅行の演出も変わり、彼らの希望が多岐にわたるようになれば、観光は多様化します。

日本の観光は、情報社会(Society4.0)において進展しました(**図7-1-1**)。しかし、情報社会は、PCやインターネットを使って効率的に情報を受発信することで豊かになってきた社会であり、現地での体験から情報を得るという観光行動とは元来相性の悪い社会です。そのため、基本的に、デジタルな情報収集に疎い階層を主体に観光は進展してきました。21世紀に入り、高齢化した彼らは、徐々に観光市場から撤退しつつあります。Society5.0の到来が指摘される中で、観光産業は、次世代のニーズに合わせて、旅行の演出の仕方を変えていく必要があります。なお、Society5.0は、溢れかえる技術、情報、機器を選択し、その組み合わせ方を考えることで生産性を上げていく社会であり、Interface/Protocol society、接合社会などと呼ぶのが妥当と思われます。

現在の日本においては、情報機器の操作は、総じて若年層の方が長けていますが、旅行への興味が、単純に低年齢層になるほど低下するという訳ではありません。思春期の流行や壮年期の社会経済情勢によって、世代ごとの行動パターンは異なります[3)]。その行動パターンを見ると、経済が安定した時代に成人した「Z世代」が、比較的旅行に積極的な世代として次期の観光主体候補に挙げられます(**図7-1-2**)。現在の年齢階層において最高齢の「団塊の世代」から最若年の「Z世代」への交代は、その間の世代への対応も加えて、かなり大規模な変革を要するはずです。ただし、連続性を考えると、従前の観光を新たな観光で塗り替えていくというよりは、従前の観光に新たな観光を加えていくことになるので、観光は自ずと多様化することになります。

7-2 旅行者ニーズの具現化

旅行を考えていなかった人(潜在的旅行者)が実際に旅行をするまでには、旅行しようとする意思決定と具体的な旅行計画を立てようとする意思決定が必要になると考えられます。業務命令によるビジネス旅行の場合を除くと、最初の意思決定は、身の回りにある情報媒体から目や耳に入っている情報によってなされます。その後、そうした情報から旅行の目的を定め、予算の高低と手配/募集型企画旅行の選択をすると、手配旅行の場合は使用する移動手段の選択がさらに必要になり、募集型企画旅行者の場合は使用する移動手段が同時に定まります(**図7-2**)。いずれの意思決定においても、元になるのは情報ですが、最初の意思決定に必要な情報は「気づき」のための情報であり、二度目の意思決定に必要な情報は「選択」のための情報になります。

また、同じ情報であっても、そこから生まれる旅行目的は多様ですし、旅行に費やせる予算や時間はそれぞれに大きく異なるので、彼らが自分のニーズに合う情報を的確に得るほど観光は個別化し、全体的には多様化します。反面、情報社会にあって能動的な情報収集に疎い人は、与えられた情報に自分のニーズを合わせる意思決定を行うため、「誰もが魅力を感じるけれども誰にとっても最適な旅行ではない」企画旅行に取り込みやすく、観光の多様化は企画旅行の幅で収まります。

情報源、情報媒体、情報機器等は日々改良されていますし、発信される情報量も膨大になっています。近年に指摘される観光の多様化は、大量の情報の中から自分のニーズに合う情報を抜き出し、最終目的である宿泊施設と移動手段の決定にまで辿り着けるだけの情報収集能力を持った潜在的旅行者が増えたためと可能な観光を詳細かつ正確に提示することができる情報発信能力を持った事業者が増えたためであり、今後も急速に進行していくものと考えられます。

Society 1.0	Society 2.0	Society 3.0	Society 4.0	Society 5.0
原始～	古代～	18世紀後半～	20世紀後半～	21世紀～
狩猟社会	農耕社会	工業社会	情報社会	接合社会？
採って生きる	耕して生きる	作って生きる	知って生きる	組合せて生きる

図7-1-1　日本社会の変遷[2)]

世代	生年	年齢（2024時点）	特徴
団塊世代	1946–1950	74–78	青年期に高度経済成長を過ごす。40代のバブル崩壊まで右肩上がりの経済成長を経験。その後不況のあおりを受けた人も少なくない。安保問題などからアメリカ文化に憧れと反発。
ポスト団塊世代	1951–1959	65–73	右肩上がりの経済を担った世代。三無主義（無気力・無関心・無責任）、シラケ世代ともばれ、上の世代ほど会社一辺倒ではない。デートに車は必須。最初のデザイナーズブランドブーム、テニスやスキーなどを楽しんだ。
バブル世代	1960–1970	54–64	いわゆるバブル期に消費を謳歌した世代。男女雇用均等法の施行で男性並みに働く女性も増加した。様々なモノやコトの経験が豊富で、価値を認めたものには支出を惜しまない。
団塊Jr世代	1971–1975	49–53	成人前後にバブル崩壊を経験し、期待外れ感を味わった世代。子供の頃にはファミコンが流行し、ゲーム好きも多い。
ポスト団塊Jr世代	1976–1980	44–48	就職氷河期を経験し、無駄な消費は嫌う世代。派遣労働などを経験している人も多い。高校生の時にポケベルが流行った。
プレゆとり世代	1981–1988	36–43	日本の景気が良かった時代を知らないため、現状に特に不満も持っていない世代。ただし先の見えない社会には不安を持っており、友人や仲間を大切にする傾向。mixiや2ちゃんねるなどネットでの発信も広がった。
ミレニアル世代	1989–1995	29–35	プレゆとり世代同様に日本の景気が良かった時代を知らず、現状への不満は少ない。しかしバブル世代である親世代の価値観を共有し、ブランドなどを好む一面もある。10代の後半からスマホ利用も多い。いわゆる「ゆとり教育」を受けた「ゆとり世代」とも重なる。
Z世代	1996–	–28	ミレニアル世代同様に、バブル世代である親世代の価値観を共有する。子供のころからデジタル社会に適応し、シェアリングなど新しい経済の形にも抵抗がない。自分たちは「ゆとり」世代ではないことにプライドを持つ。経済が比較的安定した時代に成人し、旅行に積極的な世代。

図7-1-2　世代の特徴[4)]

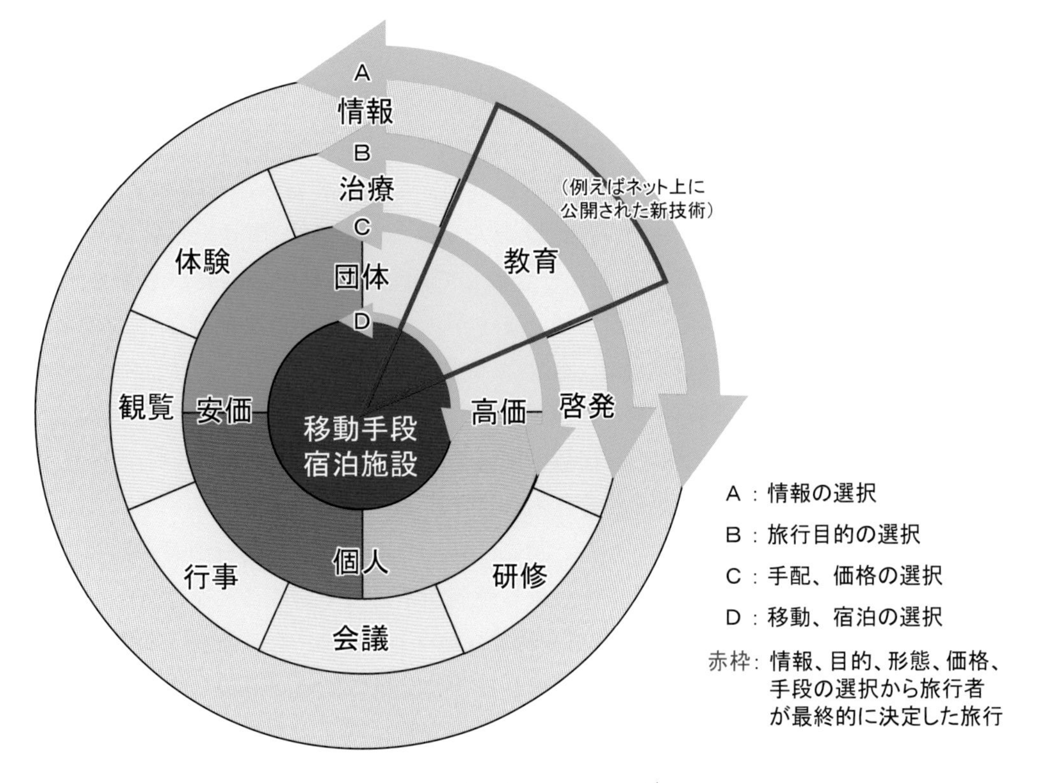

図7-2　観光の多様化コンパス[2)]

7-3 観光サービスの多様化による経済の変化

観光サービスの価格は、旅行者にとってはそれによって得られる満足の対価であり、事業者にとっては業務費用に利益を加えたものになります。自由市場に観光サービスが提供された場合、価格に対して逓増する供給曲線とそれに逓減する需要曲線の交点によって、同サービスの価格p_1と需要／供給量q_1が決定されます。この状況において、需要曲線が右にシフトした場合(需要増の場合)、新たな価格p_2と需要／供給量q_2が決定されます(**図7-3-1**)。

旅行者のニーズが多様化していなかった従前であれば、サービスの供給量が増えたことによる業務費用の上昇を差し引いても事業者の利益は上昇しますし、場合によっては大量販売による効率化が発生して利益率が上がり、利益を増やすことができました(**図7-3-2a**)。しかしながら、旅行者のニーズが極端に多様化している今日の状況にあっては、旅行者が支払う満足の対価が同じでも、要求するサービスの内容は異なるため、事業者は、販売価格は同額のまま新たなサービスを開発し、提供しなければなりません。既存のサービスで代用するにしても手間がかかる分だけ利益率は低下することになります(**図7-3-2b**)。例えば、宿泊業者が、禁煙、喫煙の要求に応えて2タイプの部屋を用意した場合、臭いを消しにくい喫煙部屋を禁煙希望者に提供することはできず、禁煙希望者で満室な状態であるにもかかわらず、喫煙部屋に空きがあるという非効率が発生します。

そのため、需要が増えれば利益も上がるという従来の常識は崩れ、需要が増えると逆に利益が少なくなり、最終的には赤字になってしまうという状況が生まれています。特に、オリ・パラリンピックの誘致決定の頃から、日本観光の特徴としてPRされ始めた“おもてなし”は、世界に誇れるサービスであることはもちろんですが、それを強調するためには多大な経費と時間が必要になるサービスでもあり、経営を圧迫する要因の一つになっています。

7-4 価値創出による観光の多様化

観光の多様化は、旅行者ニーズが多様化してきたためであることは明らかですが、程度の差はあるにせよ、従前においても旅行者ニーズが常に画一的であったということはないはずです。近年になって観光の多様化が殊更に強調されるようになったのは、情報社会において進展した様々なチャネルに対する分析手法(デジタルマーケティングの理論やシステム)が確立され、個々の旅行者ニーズを具体的に把握できるようになったために他なりません。

旅行者のニーズは、実存する事物や現象であると共に、それを各自の価値観の下で「実感」することですから、旅行者をもてなすホスト(観光地経営人材や事業者)は、同じ事物や現象であっても、「実感」することで得られる価値は各々に異なることを意識して観光を演出する必要があります。消費者が感じる価値については、多くの専門家が整理していますが、大まかに、社会的価値(社会に対する貢献や認識)、自己表現価値(自己啓発)、情緒的価値(感激)、機能的価値(旅行においては便利さ、割安感)、体験価値(食べる、楽しむ)、認知的価値(学習、知識)等が挙げられます(**図7-4-1、2**)[5)]。しかし、旅行者が感じる価値は一つとは限りません。むしろ、複数の価値を同時に感じることが多いと思いますし、そのような演出の方が旅行者の満足感は高まると考えられます。

上にあげた価値に明瞭な線引はできません。特に、観光の場合は、移動→到着→観覧、体験、学習→帰宅→記憶といった行動によって、個々に得られる価値が累積していくことを考慮し、移動の価値、場所の価値、物質の価値(可視的;現地での一般的な消費行動によって得られる価値)、行動の価値(不可視的;体験や共感によって得られる価値)、そして思い出としての記憶の価値が連続して旅行全体の価値が形成されていくという、旅行者に限定した価値構成を考えた方が、観光が多様化していることを説明あるいは理解しやすくなります(**図7-4-3**)。

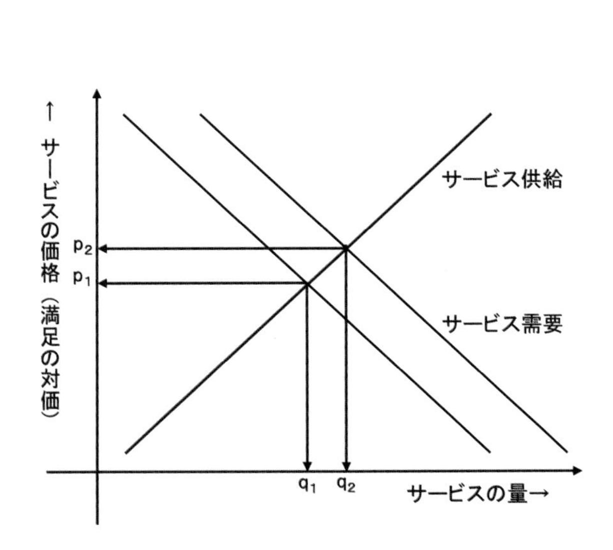

図7-3-1　観光サービスの価格と量の決定[2)]

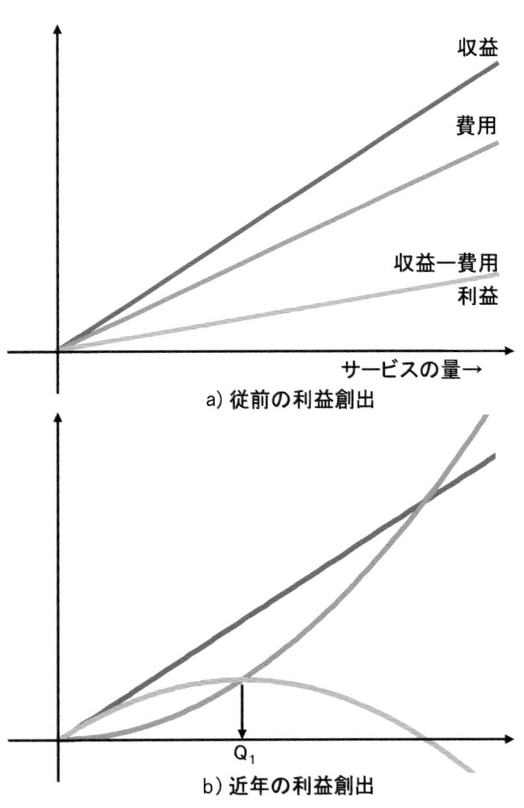

図7-3-2　観光サービスの多様化による費用曲線の変化[2)]

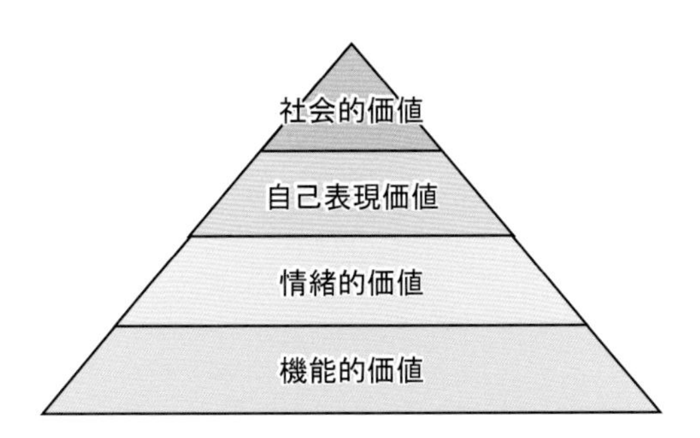

図7-4-1　商品、サービスの消費の意味を価値とした場合の価値要素ピラミッド（価値＝意味）[6)]

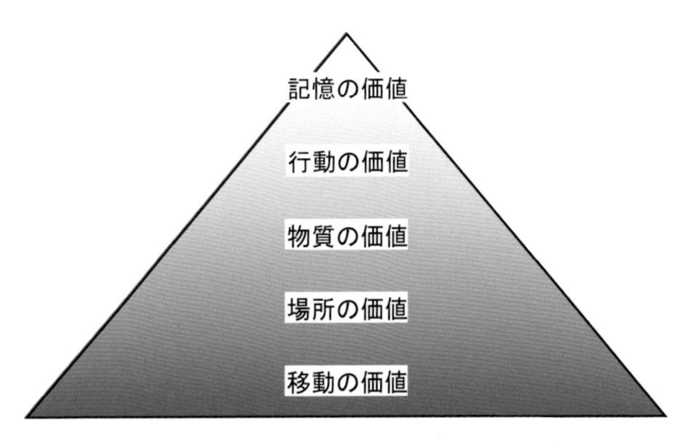

図7-4-3　観光の価値要素ピラミッド[2)]

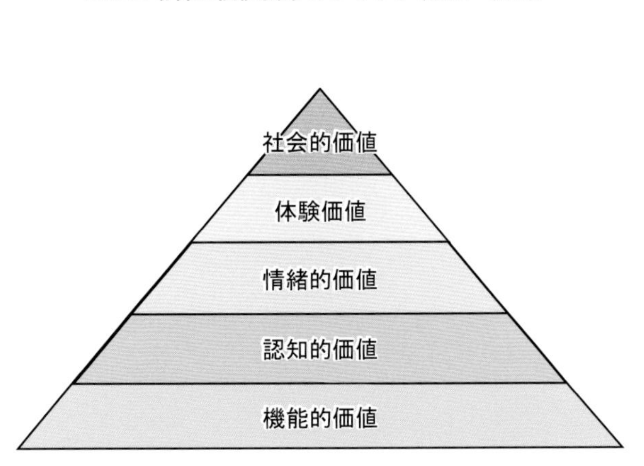

図7-4-2　商品、サービスの消費の結果を価値とした場合の価値要素ピラミッド（価値＝結果）

観光の基本

日常から非日常へ
満足（価値）＝予算（期待）−旅行費用（現実）

観光に対する旅行者の価値形成：風景、出来事、体験等の積上
観光に対する事業者の価値創出：風景、出来事、体験等の演出

旅行者の積上と事業者の演出とのやり取りの中で旅行者が何にどのような価値を見出すかは個人の自由、明確に区切られるものでもない

【旅行者が駅弁を買うという行為】

旅と言えば駅弁、名産を食べる、食事をする、車窓を眺める、駅弁を食べた、、、いずれも駅弁を買うことで形成される価値となる

《第7回　ワークシート》

1. 本講義の理解

・Z世代とは何ですか。

・「選択」のための情報とは何ですか。

・“おもてなし”が経営を圧迫する要因になる理由を100字以内で説明してください。

2. 講義内容に関する疑問

・グループ内での検討

・講師の回答

3. グループ・ディスカッションの課題「価値評価の違いによる観光商品の多様化」

「駅弁」を例にして、駅弁が持つ価値の多様化について、話し合ってください。
(駅弁を買う、食べるという行為の目的から考えてみてください)

第8章　観光行政

観光振興における行政の役割

個々の事業所が行う資本投下が観光地の特徴として認知されていくこともありますが、一般に、観光地の計画的な整備は、行政による誘導や支援によって進められることが多いので、観光行政は観光地の未来を左右する重要な指針となります。そのため、観光地経営に参画する場合は、行政の仕組みや特徴を十分に把握しておく必要があります。行政に対する事業者の意見は、支援のさらなる強化を求める意見と政策の不備を指摘する意見に大別されます。いずれも理解はできますが、行政は絶対ではないこと、行政の限界を越えなければ個性的な観光地は形成されないこと、そして、その限界を越えるのは事業者や住民であることをまずは確認してもらいたいと思います。

観光に限らず、現在は多くの政策が横断的な展開を想定して立案、実施されていますが、基本的に「行政は縦割り」です。行政が、法律や政令に即して国や自治体が行う政務である以上、全体の方向性を規定する法律や政令から大きく逸脱することはできません。言い換えれば、国家レベルの政策から市町村レベルの個別事業計画までの一貫性を維持するために、法律や政令が定められています。そのため、国や自治体は、国から市町村に至る縦の関係を常に意識する必要があります。上位計画で示された方向性が順次下位計画に下されていくという政策立案プロセスやそれに伴うトップダウン型の指揮系統は、こうした関係を反映するものであり、それを否定してしまうと国家の意思を末端に伝えていくことができなくなります。結果、行政は地域的に画一化されていきます。

もう一つ付け加えると、行政が扱う観光は、国や自治体を発展させるための手段の一つです。観光は、現在、重要視されていますが、国も自治体も観光の振興だけを考えている訳ではありません。行政の最終的な目標は全域、全住民、全産業の均等な発達です。SDGsのようなテーマは行政向きのテーマと言えますが、個性を引き立たせるために、他とは違う点を見つけ出し、独創的な整備が必要になる観光は、元来、行政向きのテーマではありません。観光行政は、特定の観光地を突出させるためのものではなく、観光振興のための基盤整備と捉えるべきです。

交流人口を例にすると、国レベルでの交流人口はインバウンド／アウトバウンド旅行者になりますが、地方の市町村レベルで見ると、県内の日帰り旅行者が交流人口のほとんどを占める観光地も少なくありません。また、インバウンド旅行者が絶対的にも相対的にも激増して大きな経済効果をもたらし、彼らによるオーバーツーリズムが問題になっている観光地がある一方で、そうなる気配すらない観光地も存在します。プラスの効果をもたらす現象を拡散し、マイナスの効果をもたらす現象を解消していくことが行政の目的であるとすれば、行政は地域の平準化に作用します。

しかしながら、それだけでは個性的な観光地を創造することはできませんし、観光地として抜きん出ることもできません。観光地経営における全てのアクターが認識しておかなければならないのは、行政は定められた事柄の遂行であって、定められていない事柄への挑戦ではありません。観光行政の対象は圧倒的に既存、既知のご当地観光で、新たな観光創出に関しては、それを行おうとする事業者や団体を経済的に支援するところまでになります。また、自治体職員は行政のエキスパートですが、観光のエキスパートではありません。オンシーズンにおいて大いに賑わう観光地をプロモーションすることは当地を有名にするのには有効ですが、混雑や渋滞が全体の利益減に繋がる危険性があります。それよりも大切なことは、旅行者が足らないオフシーズンにおけるプロモーションですが、新たな「売り」づくりは、自治体以外のアクターがやらなければいけません。

8-1 国土政策

前述のように、行政が扱う観光は、国や自治体を発展させるための手段の一つです。そのため、国土の利用、整備および保全(国土の形成)を推進するための総合的かつ基本的な計画である国土形成計画においても、観光は、国土の形成に必要な事項の一つに挙げられています(文化、厚生及び観光に関する資源の保護並びに施設の利用及び整備に関する事項、国土形成計画法２条１項七)。

国土形成計画は、地方公共団体の主体的な取組を尊重しつつ、全国的な規模でまたは全国的な視点に立って行わなければならない施策の実施その他の国が本来果たすべき役割を踏まえて策定されます(同法３条２項)。この基本理念の下で、同計画は、全国計画と広域地方計画によって構成されます。「対流促進型国土」の形成を目指し、2015年に策定された第二次国土形成計画における全国計画においては、観光による「対流」の拡大が指示されており、それを受けた広域地方計画が、東北圏、首都圏、北陸圏、中部圏、近畿圏、中国圏、四国圏、九州圏の８ブロックで策定されました。

広域地方計画における観光の位置づけは、それぞれのブロックの実状に対応しており、東北圏においては自律的な圏域の実現、首都圏においては首都圏を中心とする全国的なネットワークの強化、北陸圏においては高速交通基盤の整備と活用、中部圏においては交流圏の拡大、近畿圏においては国際化、中国圏においてはものづくりとの連携、四国圏においては地域の自立的かつ持続的発展、九州圏においてはゲートウェイ機能の強化に観光が取り込まれています。

国土形成計画法は将来に向けた方向性を定めるものであり、その実現のための国土のあり方を定める国土利用計画法と対で制定されます(**図8-1**)。また、国土利用計画は、全国計画、都道府県計画、市町村計画からなり、それぞれに上位の計画を基本として策定されます(北川・山田、2013)[1]。

8-2 総合計画

市町村は、国土利用計画法７条に基づき都道府県が定める国土利用計画の都道府県計画と同法９条によって都道府県が定める土地利用計画と整合を図りながら、同法８条に基づき国土利用計画の市町村計画を策定します。一方で、市町村は、「市町村は、その事務を処理するに当たっては、議会の議決を経てその地域における総合的かつ計画的な行政の運営を図るための基本構想を定め、これに即して行うようにしなければならない」という地方自治法第２条４項に従い、市町村内での最上位計画として総合計画を策定していました。総合計画は、国土利用計画の市町村計画に則り、域内での個別事業計画を総括するもので、多くの場合、今後10年程度の方向性を示す「基本構想」と、それを実現するための施策を分野別に体系化し具体的な目標を示す「基本計画」、さらに、それぞれの施策の実施部署や規模を示す「実施計画」によって構成されます。

地方自治法第２条４項は、2010年、地方自治体の自主性を尊重するとの考えから削除されましたが、地方議会の議決を経れば自治体の判断で基本構想の策定を行うことも可能とされたため、総合計画の策定を継続する自治体も多いのが現状です。特に、市町村レベルでの観光行政は、個々の事例に対する局地的な基盤整備を積み重ねていくことが多く、総体として個別事業計画は多様化し、増加する傾向にあります(**図8-2**)。そのため、他の施策との整合性を明らかにし、当該自治体の進むべき方向を内外に明示する同計画は今後も必要だと思われます。同計画の策定が自治体に委ねられたことによって、自治体に個別事業計画の妥当性や整合性を見直す機会が与えられたことは同項の削除がもたらした効果と言えます。

しかしながら、従前の自治体には、事業を見直すための基準や再考した結果を次期の事業に反映させる行動ステップの規範が用意されておらず、新たな事業を新たな計画の中に位置づけることでしか対応することができないという問題が残されました。

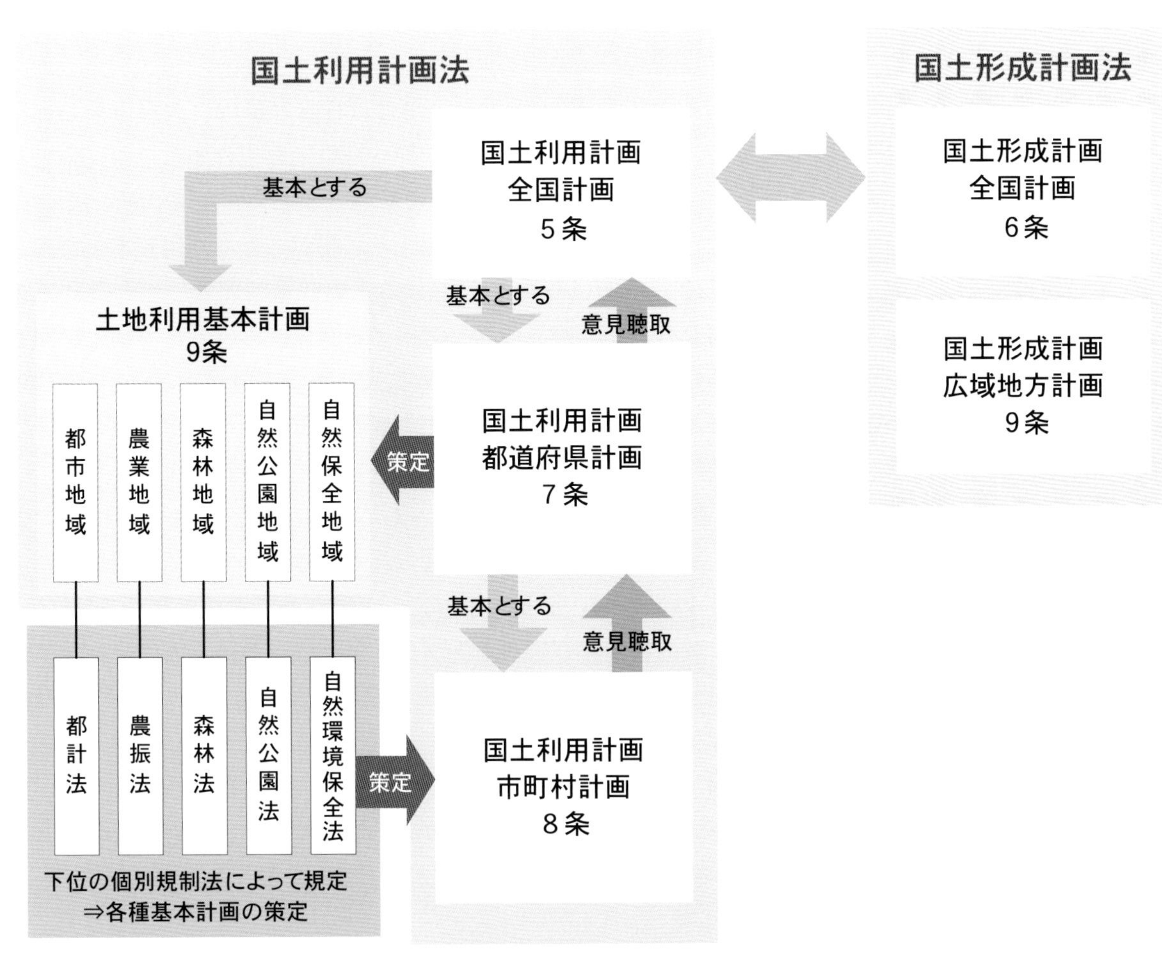

図8-1 土利用計画法と国土形成計画法の法体系[1)]

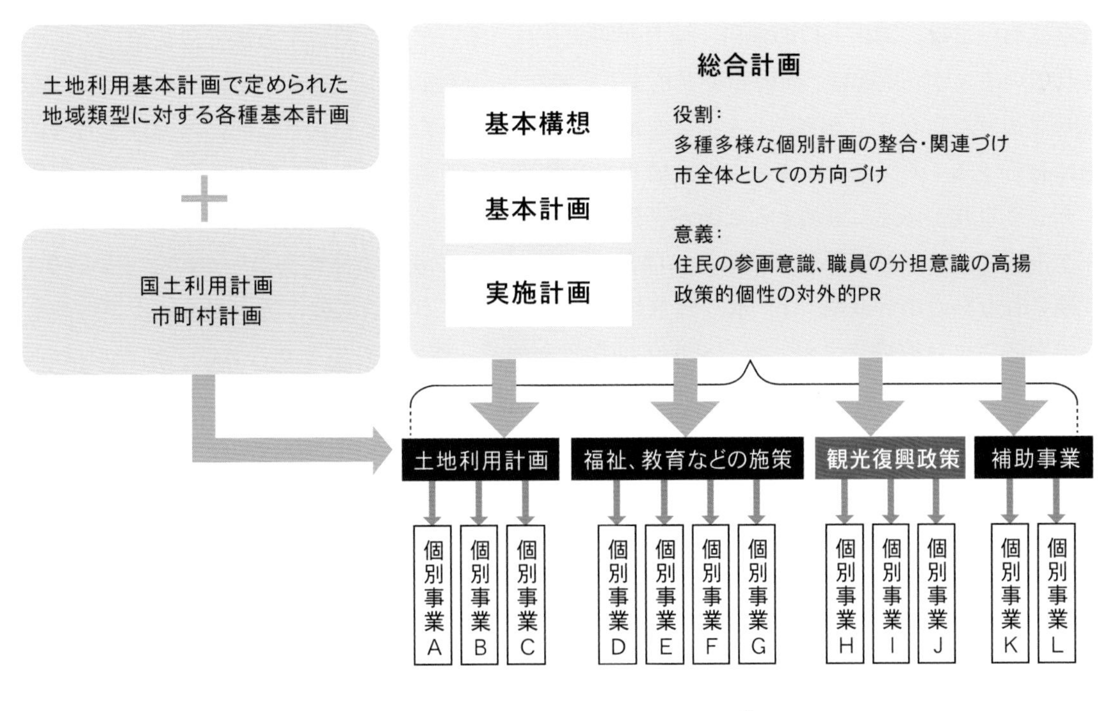

図8-2 総合計画の位置づけと役割[2)]

8-3 総合戦略

バブル景気崩壊後の「失われた10年」を経て迎えた21世紀における日本経済は、大都市都心部に対する集中的な公共投資によって立ち直り、イザナミ景気とも呼ばれる好景気を生みましたが、中央と地方との経済格差を拡大させ、2007年からの世界金融危機によって終息しました。そのため、その後の経済の立て直しには「地方創生」が必須とされ、そこに「観光立国」の思想が大きく作用しました。

地方創生は、第二次安倍政権(2012年12月～2014年9月)における重要政策課題の一つとなり、2014年には、まち・ひと・しごと創生法が制定されました。所謂、アベノミクスにおける地方創生に関しては、賛否両論ですが、急速に進行する少子高齢化に、交流人口の拡大をもって対処するという姿勢は、時勢を的確に捉えたものとして評価されるべきところですし、中央依存あるいは中央指向型の地域政策から脱却し、地方の自立的な成長を目指すという方向性は基本的に正しいと思われます。

「まち・ひと・しごと総合戦略」(以下、総合戦略)は、まち・ひと・しごと創生法8条、9条、10条によって、国、都道府県、市町村がそれぞれに策定することが義務づけられているもので、国土利用計画法で定める国土利用計画と構造的に類似します(**図8-3**)[3)]。また、地方創生を地方の将来を考える基軸に据え、市民協動に基づく地域活性化プランを広域的に関連づけ、地方ブロック単位での体系的成長に結びつける思考は、第二次国土形成計画の広域地方計画にも少なからぬ影響を与えたと考えられます。それは、我々が目指す観光地経営の最終目標とも一致します。

さらに、総合戦略には、実施状況に関する客観的な指標(重要業績評価指標、KPI；Key Performance Indicators)を設定し、実施状況の総合的な検証を定期的に行うことが求められており、総合計画の見直しには無かった行政の妥当性と連続性に対する客観的評価が担保されることになりました。

8-4 デジタル田園都市国家構想

2022年、「デジタル実装を通じて、地域の社会課題解決・魅力向上の取組を、より高度・効率的に推進」するというデジタル田園都市国家構想の基本方針が閣議決定されました。2020年に始まる第2期の総合戦略においては、関係人口の創出、拡大が明記され、それに深く関連する観光は従前にも増して重要視されていますが、政府は、同構想を実現するために、全国版の総合戦略を抜本的に改訂し、地方は、総合戦略で掲げたビジョンをデジタル実装を前提に再考し、新たなビジョンに向けた施策を合理的かつ効率的に遂行する「デジタル田園都市国家構想総合戦略」を策定することになりました。観光産業においてもデジタル化が急速に進展することが予想されます。

デジタル田園都市国家構想総合戦略におけるデジタル実装の基礎条件整備の一つになっている「誰一人取り残されないための取組」は、取り残されることによって不利益を被る者が生まれない社会を目指すものであることは明白ですが、デジタル化は社会全体で一斉に取り組まなければ、効果が得られず、進捗も遅いということを認識した上での提案とも捉えられます(**図8-4**)[4)]。「デジタル基盤の整備」や「デジタル人材の育成・確保」といった基礎条件整備についても同様で、特定の自治体や産業での突出よりも、全域、全産業における均一な進行が想定されています。

観光について言えば、総じて、観光振興によって地域課題を解決するという姿勢から、デジタル実装によって地域課題を解決するために観光が果たすべき役割を考えるという姿勢に転換されています。観光地経営人材が取り組まなければならない課題はより複雑になりますが、デジタル実装による経営の効率化や異業種(教育、医療等)との連携による新事業展開は、これまで重要とされながらも遅々として進まなかったところでもあり、公的支援を活用しつつ、デジタル田園都市国家構想の波に乗るメリットは大きいと考えられます。問題は、デジタル化による合理化によって解雇される従業員が生まれることです。雇用者には、既存従業員のリカレント教育を進め、雇用を確保することが求められます。

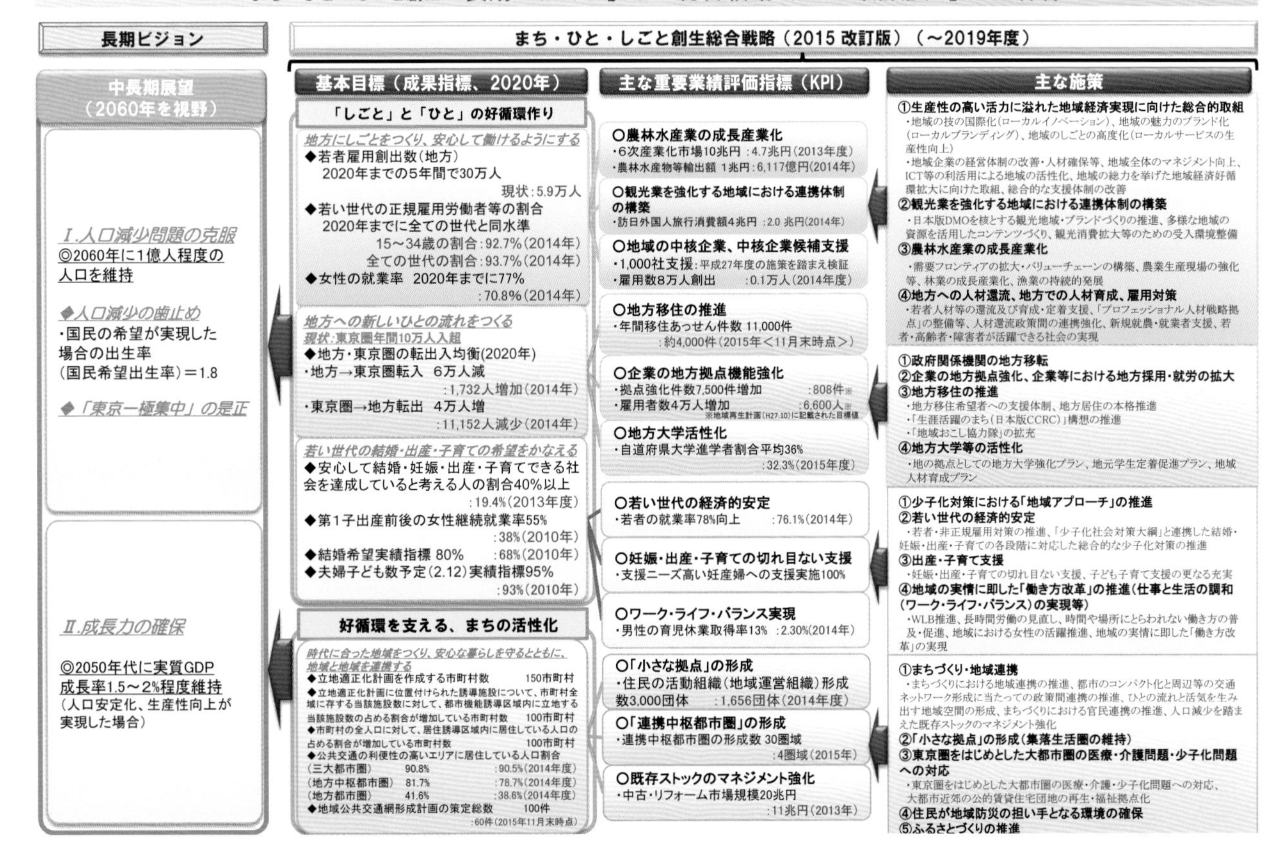

図 8-3 総合戦略の概要（第 1 期）[3)]

デジタル田園都市国家構想総合戦略の全体像

総合戦略の基本的考え方

- ➢ テレワークの普及や地方移住への関心の高まりなど、社会情勢がこれまでとは大きく変化している中、今こそデジタルの力を活用して地方創生を加速化・深化し、「全国どこでも誰もが便利で快適に暮らせる社会」を目指す。
- ➢ 東京圏への過度な一極集中の是正や多極化を図り、地方に住み働きながら、都会に匹敵する情報やサービスを利用できるようにすることで、地方の社会課題を成長の原動力とし、地方から全国へとボトムアップの成長につなげていく。
- ➢ デジタル技術の活用は、その実証の段階から実装の段階に着実に移行しつつあり、デジタル実装に向けた各府省庁の施策の推進に加え、デジタル田園都市国家構想交付金の活用等により、各地域の優良事例の横展開を加速化。
- ➢ これまでの地方創生の取組も、全国で取り組まれてきた中で蓄積された成果や知見に基づき、改善を加えながら推進していくことが重要。

<総合戦略のポイント>

- ● まち・ひと・しごと創生総合戦略を抜本的に改訂し、**2023年度から2027年度までの5か年の新たな総合戦略**を策定。デジタル田園都市国家構想基本方針で定めた取組の方向性に沿って、**各府省庁の施策の充実・具体化**を図るとともに、**KPIとロードマップ（工程表）**を位置付け。
- ● 地方は、地域それぞれが抱える社会課題等を踏まえ、**地域の個性や魅力を生かした地域ビジョンを再構築**し、**地方版総合戦略を改訂**。**地域ビジョン実現に向け、**国は政府一丸となって総合的・効果的に支援する観点から、**必要な施策間の連携をこれまで以上に強化する**とともに、同様の社会課題を抱える複数の地方公共団体が連携して、効果的かつ効率的に課題解決に取り組むことができるよう、**デジタルの力も活用した地域間連携の在り方や推進策を提示**。

施策の方向

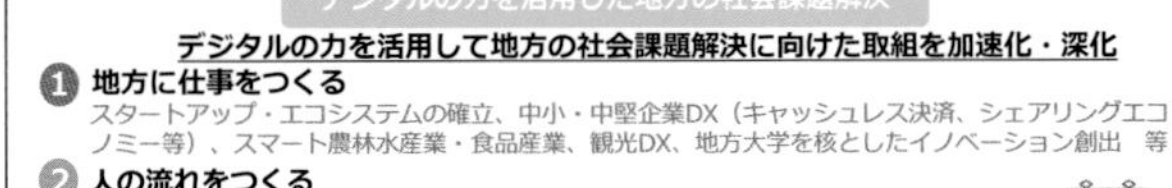

デジタルの力を活用して地方の社会課題解決に向けた取組を加速化・深化

1. **地方に仕事をつくる**
   スタートアップ・エコシステムの確立、中小・中堅企業DX（キャッシュレス決済、シェアリングエコノミー等）、スマート農林水産業・食品産業、観光DX、地方大学を核としたイノベーション創出 等
2. **人の流れをつくる**
   「転職なき移住」の推進、オンライン関係人口の創出・拡大、二地域居住等の推進、地方大学・高校の魅力向上、女性や若者に選ばれる地域づくり 等
3. **結婚・出産・子育ての希望をかなえる**
   結婚・出産・子育ての支援、仕事と子育ての両立など子育てしやすい環境づくり、こども政策におけるDX等のデジタル技術を活用した地域の様々な取組の推進 等
4. **魅力的な地域をつくる**
   教育DX、医療・介護分野DX、地域交通・インフラ・物流DX、まちづくり、文化・スポーツ、国土強靱化の強化等、地域コミュニティ機能の維持・強化 等

地方のデジタル実装を下支え

デジタル実装の基礎条件整備

デジタル実装の前提となる取組を国が強力に推進

1. **デジタル基盤の整備**
   デジタルインフラの整備、マイナンバーカードの普及促進・利活用拡大、データ連携基盤の構築（デジタル社会実装基盤全国総合整備計画の策定等）、ICTの活用による持続可能性と利便性の高い公共交通ネットワークの整備、エネルギーインフラのデジタル化 等
2. **デジタル人材の育成・確保**
   デジタル人材育成プラットフォームの構築、職業訓練のデジタル分野の重点化、高等教育機関等におけるデジタル人材の育成、デジタル人材の地域への還流促進、女性デジタル人材の育成・確保 等
3. **誰一人取り残されないための取組**
   デジタル推進委員の展開、デジタル共生社会の実現、経済的事情等に基づくデジタルデバイドの是正、利用者視点でのサービスデザイン体制の確立 等

地域ビジョンの実現に向けた施策間連携・地域間連携の推進

<施策間連携の例>

関連施策の取りまとめ	重点支援	優良事例の横展開	伴走型支援
✓関係府省庁の施策を取りまとめ、地方にわかりやすい形で提示	✓モデルとなる地域を選定し、選定地域の評価・支援	✓他地域のモデルとなる優良事例の周知・共有、横展開	✓ワンストップ型相談体制の構築や地方支分部局の活用等による伴走型支援

<地域間連携の例>

デジタルを活用した取組の深化	重点支援	優良事例の横展開
✓自治体間連携の枠組みにおけるデジタル活用の取組を促進	✓国が事業の採択や地域の選定等を行う際に、地域間連携を行う取組を評価・支援	✓地域間連携の優良事例を収集し、メニューブック等を通じて広く周知・共有

図 8-4 デジタル田園都市国家構想の概要[4)]

《第8回 ワークシート》

1. 本講義の理解

・国土形成計画法と国土利用計画法が対で制定される理由は何ですか。

・総合計画の策定義務が外れた理由は何ですか。

・総合戦略が国、都道府県、市町村ごとに策定される理由を100字以内でまとめてください。

2. 講義内容に関する疑問

・グループ内での検討

・講師の回答

3. グループ・ディスカッションの課題「総合戦略における観光施策の評価」

総合戦略において観光施策に義務づけられるべきKPI、それを設定することによって発生する問題の有無、その理由等を議論してください。

第9章　観光関連法規

観光関連法規の分類

行楽を目的とする観光の醍醐味は、日常生活から切り離された「自由」の確認、実感にあります。同時に、よく知らない土地での行動には、不安と危険が伴うため、旅行者はそれらを解消、回避しなければなりません。行楽目的以外の旅行者は前者よりも後者を重視することでしょう。いずれにおいても、旅行者を受け入れる自治体や事業者には、彼らの安心と安全を確保することが求められます。同時に、そのための観光開発が乱開発にならないような規制も必要です。

国が観光を産業として育成しようとする以上、上記の責務は、法制度によって規定される必要があります。それがここで言うところの観光関連法規です。観光に直結する法律の中で、観光全般に関する最も基本的な法律は、2006年に制定された観光立国推進基本法です。同法の前身は、1963年に制定された観光基本法ですから、その歴史は半世紀を超えていますが、具体的にどんな観光を推進すべきかという法律は、1987年に総合保養地域整備法(リゾート法)が制定されるまでありませんでした。以降、1992年に地域伝統芸能等を活用した行事の実施による観光及び特定地域商工業の振興に関する法(お祭り法, 地域伝統芸能活用法)、1994年に農山漁村滞在型余暇活動のための基盤整備の促進に関する法律(グリーンツーリズム法)、2007年にエコツーリズム推進法が主に農山村域を対象に制定された後、観光圏の整備による観光旅客の来訪及び滞在の促進に関する法律(観光圏整備法、2008年)、特定複合観光施設区域の整備の推進に関する法律(IR実施法、2016年)、文化観光拠点施設を中核とした地域における文化観光の推進に関する法律(文化観光推進法、2020年)など、地域や機能を融合させる複合型観光を提案する法律が制定されました。

観光の開発規制に関わる法律のうち、自然環境に関しては、環境基本法(1993年)、自然公園法(1957年)、自然環境保全法(1972年)が施行されています。また、文化環境に関しては、代表的な法律として文化財保護法(1950年)が挙げられます。このほか、生態系の保全を目的に、絶滅のおそれのある野生動植物の種の保存に関する法律(種の保存法、1992年)が施行されています。自然公園や文化財に関する法律は、1950年代から制定されていますが、自然環境に対する直接的な開発を抑えて、その長期的な持続を優先する方向で法律が制定されるようになったのは、自然と人間との共生関係が重要視され始めた1990年代以降と言えます。

観光の業務に関わる法律は歴史が古く、1948年に旅館業法、1952年に旅行業法が制定され、事業者としての責務が詳細に規定されました。これは、旅行者の安全と安心の確保を目的としていることはもちろんですが、未整備の新規参入者を排除し、適正な活動を行う事業所を保護するためでもありました。また、他の観光関連事業者も含めて、施設建設、看板設置等を行う際には、景観緑3法(景観法、景観法の施行に伴う関係法律の整備等に関する法律、都市緑地保全法等の一部を改正する法律、いずれも2004年)への抵触に注意すべきです。

国家レベルで推進するインバウンド誘致については、外国人観光旅客の来訪地域の多様化の促進による国際観光の振興に関する法律(外客来訪促進法、外客誘致法、国際観光振興法、1997年)が制定されましたが、10年余りの間に題名の「来訪地域の多様化の促進による」の部分が「来訪地域の整備等の促進による」、「旅行の容易化等の促進による」、「来訪の促進等による」に改称され、題名の変更を見るだけでも、ハード面の整備からソフト面でのホスピタリティへ、インバウンド旅行者を迎え入れる環境が急速に改変されていったことが分かります。

9-1 観光立国推進基本法

観光基本法と観光立国推進基本法とを比較すると、前文が600字弱から900字弱にまで増えていることに驚かされます。前文は全ての法律に付されている訳ではありませんが、基本法に付されていることが多く、条文を解釈する際の基本となります。憲法や同時期に制定された少子化社会対策基本法(2003年)の前文が650字程度であることを見ても、観光立国推進基本法の前文が長文であることが分かります。これは、観光が多岐に渡り、その影響力も大きくなっている中で、観光の意味や意義を改めて定義しなおす必要があったということを意味していると思われます。

前文の内容を見ると、「国際親善」や「国際収支」の文言が消え、代わって「地域経済の活性化」や「雇用の機会の増大」といった文言が使われています。また、観光の意義は「民主的で文化的な国家の建設」にあるという曖昧な表現から、観光の振興は少子高齢化社会に対する施策の一つであるという表現に変わっています。特に、観光は観光客のためだけのものではなく、彼らを受け入れる地域が自主的に発達していくための手段であり、住民が地域に誇りや愛着を持つことに繋がることが強調されている点に特徴を見出すことができます。

観光立国推進基本法では、第二章の10条において、政府は観光立国推進基本計画を定めることが規定されており、11条において、「観光立国の実現に関しては、観光立国推進基本計画を基本とするものとする」とされ、同計画が観光政策の最上位計画であることが示されています。そのため、おおよそ5か年で改訂される同計画の変更点、2023年に公表された第4次観光立国推進基本計画においては、「持続可能な観光地域づくりの体制整備」、「インバウンド回復」、「国内交流拡大」を十分に理解、確認しておく必要があります[1)]。

9-2 総合保養地域整備法

総合保養地域整備法、通称リゾート法は、バブル期の1987年に制定されました。リゾート法は、バブル期はもちろん1990年代の観光に大きな影響を与えました。それは、リゾート法によって観光が大きく進展したという意味ではなく、同法の弊害に対する教訓によって観光のあり方に関する議論が活発になったということです。

それらの議論の多くは、同法1条に記載された目的に対する疑義に始まり、「国民が余暇等を利用して滞在しつつ行うスポーツ、レクリエーション、教養文化活動、休養、集会等の多様な活動に資する」空間をリゾートとした場合における、リゾート形成の効果に対する検証を通して、観光の全てを満たす大規模開発が必ずしも地域に最大の利益をもたらす訳ではないという指摘で結ばれています。

リゾート法は、1980年代に生じた対米国貿易黒字に代表される経済問題に対して、打ち出された内需拡大、民間活力導入政策の対象の一つに観光が挙げられたことによって、公共事業としての観光開発に民間事業所が積極的に参画し、短期大規模投資による急速な観光開発を容認、推奨するものでした(梅川・原、1997)[2)]。バブル崩壊により、開発は中途半端な形で終了し、地域には大きな傷跡を残しましたが、結果が分かっている今になって「リゾート法は悪法か？」という問いを投げかけるのはナンセンスです。観光をビジネスとして捉えるならば、①多様化し日々変容する観光に集中的な大量投資を行っても、長期的な収益は期待できないこと、②金をかけない小規模な観光で機動力を高めていかなければ観光の多様化に対応できないこと、③行政と民間との連携は相応の効果を生むが、関係性の持続には注意を払う必要があること、に地域が気づき、観光振興に伴う経済、社会、文化への恩恵を長期的に享受していくためには観光の多様化への対応がテーマになることに共通理解が得られたことが、リゾート法が残した成果と言えるでしょう。事実、1990年代以降の地方における観光開発は、施設建設を中核とする開発から、自然環境を保全、活用するソフト面での開発に変化しました。

観光基本法（左）と観光立国推進基本法（右）の前文

観光は、国際平和と国民生活の安定を象徴するものであつて、その発達は、恒久の平和と国際社会の相互理解の増進を念願し、健康で文化的な生活を享受しようとするわれらの理想とするところである。また、観光は、国際親善の増進のみならず、国際収支の改善、国民生活の緊張の緩和等国民経済の発展と国民生活の安定向上に寄与するものである。

われらは、このような観光の使命が今後においても変わることなく、民主的で文化的な国家の建設と国際社会における名誉ある地位の保持にとつてきわめて重要な意義を持ち続けると確信する。

しかるに、現状をみるに、観光がその使命を達成できるような基盤の整備及び環境の形成はきわめて不十分な状態である。これに加え、近時、所得水準の向上と生活の複雑化を背景とする観光旅行者の著しい増加は、観光に関する国際競争の激化等の事情と相まつて、観光の経済的社会的存立基盤を大きく変化させようとしている。

このような事態に対処して、特に観光旅行者の利便の増進について適切な配慮を加えつつ、観光に関する諸条件の不備を補正するとともに、わが国の観光の国際競争力を強化することは、国際親善の増進、国民経済の発展及び国民生活の安定向上を図ろうとするわれら国民の解決しなければならない課題である。

ここに、観光の向かうべき新たなみちを明らかにし、観光に関する政策の目標を示すため、この法律を制定する。

観光は、国際平和と国民生活の安定を象徴するものであって、その持続的な発展は、恒久の平和と国際社会の相互理解の増進を念願し、健康で文化的な生活を享受しようとする我らの理想とするところである。また、観光は、地域経済の活性化、雇用の機会の増大等国民経済のあらゆる領域にわたりその発展に寄与するとともに、健康の増進、潤いのある豊かな生活環境の創造等を通じて国民生活の安定向上に貢献するものであることに加え、国際相互理解を増進するものである。

我らは、このような使命を有する観光が、今後、我が国において世界に例を見ない水準の少子高齢社会の到来と本格的な国際交流の進展が見込まれる中で、地域における創意工夫を生かした主体的な取組を尊重しつつ、地域の住民が誇りと愛着を持つことのできる活力に満ちた地域社会の実現を促進し、我が国固有の文化、歴史等に関する理解を深めるものとしてその意義を一層高めるとともに、豊かな国民生活の実現と国際社会における名誉ある地位の確立に極めて重要な役割を担っていくものと確信する。

しかるに、現状をみるに、観光がその使命を果たすことができる観光立国の実現に向けた環境の整備は、いまだ不十分な状態である。また、国民のゆとりと安らぎを求める志向の高まり等を背景とした観光旅行者の需要の高度化、少人数による観光旅行の増加等観光旅行の形態の多様化、観光分野における国際競争の一層の激化等の近年の観光をめぐる諸情勢の著しい変化への的確な対応は、十分に行われていない。これに加え、我が国を来訪する外国人観光旅客数等の状況も、国際社会において我が国の占める地位にふさわしいものとはなっていない。

これらに適切に対処し、地域において国際競争力の高い魅力ある観光地を形成するとともに、観光産業の国際競争力の強化及び観光の振興に寄与する人材の育成、国際観光の振興を図ること等により、観光立国を実現することは、二十一世紀の我が国経済社会の発展のために不可欠な重要課題である。

ここに、観光立国の実現に関する施策を総合的かつ計画的に推進するため、この法律を制定する。

総合保養地域整備法

（目的）
第一条　この法律は、良好な自然条件を有する土地を含む相当規模の地域である等の要件を備えた地域について、国民が余暇等を利用して滞在しつつ行うスポーツ、レクリエーション、教養文化活動、休養、集会等の多様な活動に資するための総合的な機能の整備を民間事業者の能力の活用に重点を置きつつ促進する措置を講ずることにより、ゆとりのある国民生活のための利便の増進並びに当該地域及びその周辺の地域の振興を図り、もつて国民の福祉の向上並びに国土及び国民経済の均衡ある発展に寄与することを目的とする。
（定義）第二条
（地域）第三条
（基本方針）第四条
（基本構想の作成等）第五条　都道府県は、基本方針に基づき、当該都道府県内の地域であつて第三条各号に掲げる要件に該当すると認められるものについて、第一条に規定する整備に関する基本構想（以下「基本構想」という。）を作成し、主務大臣に協議し、その同意を求めることができる。
（基本構想の変更）
第六条　都道府県は、前条第五項の規定による同意を得た基本構想を変更しようとするときは、主務大臣に協議し、その同意を得なければならない。
（基本構想の実施等）
第七条　都道府県は、基本構想が第五条第五項の規定による同意を得たときは、関係民間事業者の能力を活用しつつ、第一条に規定する整備を当該同意を得た基本構想（前条第一項の規定による変更の同意があつたときは、その変更後のもの。以下「同意基本構想」という。）に基づいて計画的に行うよう努めなければならない。
　２　文部科学大臣は、同意基本構想の円滑な実施の促進のため、関係地方公共団体に対し、スポーツ若しくは文化の振興又は社会教育に係る学習活動の推進を図る見地から必要な助言、指導その他の援助を行うよう努めなければならない。
　３　前項に定めるもののほか、主務大臣、関係行政機関の長、関係地方公共団体及び関係事業者は、同意基本構想の円滑な実施が促進されるよう、相互に連携を図りながら協力しなければならない。
第八条　削除

（地方税の不均一課税に伴う措置）第九条
（資金の確保）第十条
（公共施設の整備）第十一条
（国等の援助）第十二条
（地方公共団体による助成等）第十三条
（農地法等による処分についての配慮）第十四条
（国有林野の活用等）第十五条

9-3 観光圏の整備による観光旅客の来訪及び滞在の促進に関する法律

2008年に制定された観光圏の整備による観光旅客の来訪及び滞在の促進に関する法律、通称、観光圏整備法については、第2章の『観光地経営人材育成の必要性』で若干触れましたが、観光関連法規としてまず指摘しておきたいのは、同法で「観光圏」が定義され、その目的が明記された点です。

「観光圏」という言葉が使われだした1960年代において、観光圏とは発地(大都市)からの観光到達圏を意味していましたが、高速交通網の整備や情報化の進展によって国内観光の対象は全国に拡大しましたし、外国人旅客に観光を提案する場合においても、発地ベースで観光を捉えるよりも着地(観光地)ベースで観光を捉える方が議論を整理しやすいことは明らかです。同法による「観光圏」の定義は着地型観光が重要視されるようになった実状を反映したものだと言えます。また、自然、歴史、文化等で関係する観光地を一体とすることによるスケールメリットを活かして、観光地としての魅力や国際競争力を高めることが「観光圏」を設定する目的として明記され、連携の必要性が明確になりました。

観光圏整備法によって、当初、全国で49の観光圏が認定され、東北地方においては7つの観光圏が設定されましたが、観光圏の整備がハード面に偏重していたことや面積的に広すぎることなどから、事業の推進組織の存在や役割分担が曖昧になるという問題が発生しました。観光庁は、これらの問題に対処するために、基本方針を2012年12月に改正し、マーケティング調査の結果等データに基づく取組の実施やKPIの設定およびPDCAサイクルの徹底を明記すると共に、外国人旅客に対する観光提案を強調しましたが、東北地方では改正後の基本方針に従って認定された観光圏は無く、7つ全ての観光圏が2010年代前半までに事業を終了しました。当時の東北地方は、地理的に離れ散在する観光地が行政界を越えて互いに連携しあう必要性が認知されていませんでした。国内旅行者よりも長距離の移動を行う外国人旅客の絶対数が圧倒的に少なく、外国人旅客を主体にした観光を想定できる観光地が少なかったという実情がその要因として考えられます。

9-4 その他の観光関連法規

観光地経営人材が遵守しなければならない法律(開発規制、観光業務)を除いて、観光振興のための指針を示す法律の1条(目的)を並べてみると、リゾート法によって混乱した1990年代前半に策定された、地域伝統芸能等を活用した行事の実施による観光及び特定地域商工業の振興に関する法律(地域伝統芸能活用法)、農山漁村滞在型余暇活動のための基盤整備の促進に関する法律は、特定の農山村域の発展を進めていくための手段の一つとして観光の振興が取り上げられており、リゾート法による開発の反動なのか、局地的かつ小規模な観光が対象になっていたことが分かります。

2007年に制定されたエコツーリズム推進法も対象は農山村域になりますが、念頭にあるのは全国規模での自然環境保全、環境教育ですし、「エコツーリズムに関する施策を総合的かつ効果的に推進」とあるように、連動、連携による推進を提案しています。文化観光拠点施設を中核とした地域における文化観光の推進に関する法律も、地域伝統芸能活用法と関連させて解釈することができますが、拠点を定め、その効果を面的に拡大させていくという、所謂、拠点開発方式が観光施策にも適用された法律として見れば、最新の手法による観光開発を指南する法律と言えます。

一方で、特定複合観光施設区域の整備の推進に関する法律(IR実施法)は、複合型リゾート施設(Integrated Resort)の建設を目指すもので、ラスベガスやマカオをモデルにした都市型観光の提案になります。機能を絞りこんだリゾート法の再来にならなければいいのですが、外国人旅客の来訪を促進し続ける日本が観光の国際化を目指す上で、現状において足りないコンテンツを追求していくと、こうなるという法律です。実施後に批判しても意味がないので、実施前に十分な時間をかけて議論することが必要と思われます。

観光圏の整備による観光旅客の来訪及び滞在の促進に関する法律

第一章　総則

（目的）　第一条　この法律は、我が国の観光地の魅力と国際競争力を高め、国内外からの観光旅客の来訪及び滞在を促進するためには、観光地の特性を生かした良質なサービスの提供、関係者の協力及び観光地相互間の連携が重要となっていることにかんがみ、市町村又は都道府県による観光圏整備計画の作成及び観光圏整備事業の実施に関する措置について定めることにより、観光圏の整備による観光旅客の来訪及び滞在を促進するための地域における創意工夫を生かした主体的な取組を総合的かつ一体的に推進し、もって観光立国の実現に資するとともに、個性豊かで活力に満ちた地域社会の実現に寄与することを目的とする。

（定義）　第二条　この法律において「観光圏」とは、滞在促進地区が存在し、かつ、自然、歴史、文化等において密接な関係が認められる観光地を一体とした区域であって、当該観光地相互間の連携により観光地の魅力と国際競争力を高めようとするものをいう。

２　この法律において「滞在促進地区」とは、観光旅客の滞在を促進するため、次項第一号に掲げる事業及びこれに必要な同項第五号に掲げる事業を重点的に実施しようとする地区をいう。

３　この法律において「観光圏整備事業」とは、観光圏の整備による観光旅客の来訪及び滞在の促進に資する事業であって、次に掲げるものをいう。

一　観光旅客の宿泊に関するサービスの改善及び向上に関する事業
二　観光資源を活用したサービスの開発及び提供に関する事業
三　観光旅客の移動の利便の増進に関する事業
四　観光に関する情報提供の充実強化に関する事業
五　前各号の事業に必要な施設の整備に関する事業
六　その他観光圏の整備による観光旅客の来訪及び滞在の促進に資する事業

第二章　基本方針　第三条　主務大臣は、観光圏の整備による観光旅客の来訪及び滞在の促進を総合的かつ一体的に図るため、観光圏の整備による観光旅客の来訪及び滞在の促進に関する基本方針（以下「基本方針」という。）を定めるものとする。

２　基本方針は、次に掲げる事項について定めるものとする。

一　観光圏の整備による観光旅客の来訪及び滞在の促進の意義及び目標に関する事項
二　次条第一項に規定する観光圏整備計画の作成に関する基本的な事項
三　滞在促進地区に関する基本的な事項
四　観光圏整備事業に関する基本的な事項
五　関連する観光の振興に関する施策との連携に関する基本的な事項
六　観光圏の整備による観光旅客の来訪及び滞在の促進に係る市町村、都道府県その他の関係者間における連携及び協力に関する基本的な事項
七　その他観光圏の整備による観光旅客の来訪及び滞在の促進に関する事項

３　基本方針は、観光立国推進基本法（平成十八年法律第百十七号）第十条第一項に規定する観光立国推進基本計画との調和が保たれたものでなければならない。

４　主務大臣は、情勢の推移により必要が生じたときは、基本方針を変更するものとする。

５　主務大臣は、基本方針を定め、又はこれを変更しようとするときは、あらかじめ、関係行政機関の長に協議しなければならない。

６　主務大臣は、基本方針を定め、又はこれを変更したときは、遅滞なく、これを公表するものとする。

第三章　観光圏整備計画の作成及び実施　第四条～第二十条

第四章　雑則　（主務大臣等）　第二十一条　（経過措置）　第二十三条

第五章　罰則　第二十四条、第二十五条

地域伝統芸能等を活用した行事の実施による観光及び特定地域商工業の振興に関する法律

第一条　この法律は、地域伝統芸能等を活用した行事の実施が、地域の特色を生かした観光の多様化による国民及び外国人観光旅客の観光の魅力の増進に資するとともに、消費生活等の変化に対応するための地域の特性に即した特定地域商工業の活性化に資することにかんがみ、当該行事の確実かつ効果的な実施を支援するための措置を講ずることにより、観光及び特定地域商工業の振興を図り、もってゆとりのある国民生活及び地域の固有の文化等を生かした個性豊かな地域社会の実現、国民経済の健全な発展並びに国際相互理解の増進に寄与することを目的とする。

農山漁村滞在型余暇活動のための基盤整備の促進に関する法律

第一条　この法律は、農村滞在型余暇活動に資するための機能の整備を促進するための措置等を講ずるとともに、農林漁業体験民宿業について登録制度を実施すること等を通じてその健全な発達を図ることにより、主として都市の住民が余暇を利用して農山漁村に滞在しつつ行う農林漁業の体験その他農林漁業に対する理解を深めるための活動のための基盤の整備を促進し、もってゆとりのある国民生活の確保と農山漁村地域の振興に寄与することを目的とする。

エコツーリズム推進法

第一条　この法律は、エコツーリズムが自然環境の保全、地域における創意工夫を生かした観光の振興及び環境の保全に関する意識の啓発等の環境教育の推進において重要な意義を有することにかんがみ、エコツーリズムについての基本理念、政府による基本方針の策定その他のエコツーリズムを推進するために必要な事項を定めることにより、エコツーリズムに関する施策を総合的かつ効果的に推進し、もって現在及び将来の国民の健康で文化的な生活の確保に寄与することを目的とする。

文化観光拠点施設を中核とした地域における文化観光の推進に関する法律

第一条　この法律は、文化及び観光の振興並びに個性豊かで活力に満ちた地域社会の実現を図る上で文化についての理解を深める機会の拡大及びこれによる国内外からの観光旅客の来訪の促進が重要となっていることに鑑み、文化観光拠点施設を中核とした地域における文化観光を推進するため、主務大臣による基本方針の策定並びに拠点計画及び地域計画の認定、当該認定を受けた拠点計画又は地域計画に基づく事業に対する特別の措置その他の地域における文化観光を推進するために必要な措置について定め、もって豊かな国民生活の実現と国民経済の発展に寄与することを目的とする。

特定複合観光施設区域の整備の推進に関する法律

第一条　この法律は、特定複合観光施設区域の整備の推進が、観光及び地域経済の振興に寄与するとともに、財政の改善に資するものであることに鑑み、特定複合観光施設区域の整備の推進に関する基本理念及び基本方針その他の基本となる事項を定めるとともに、特定複合観光施設区域整備推進本部を設置することにより、これを総合的かつ集中的に行うことを目的とする。

外国人観光旅客の来訪の促進等による国際観光の振興に関する法律

第一条　この法律は、外国人観光旅客の来訪を促進することが我が国経済社会の発展及び地域経済の活性化のために重要な課題であるとともに我が国に対する理解の増進に資するものであること並びに国際観光旅客の往来を促進することが国際交流の拡大に資するものであることに鑑み、観光先進国の実現に向けた観光基盤の拡充及び強化を図るため、外国人観光旅客の来訪を促進するための措置及び国際観光の振興に資する施策に必要な経費の財源に関する特別の措置を講ずることにより、国際観光の振興を図り、もって我が国の観光及びその関連産業の国際競争力の強化並びに地域経済の活性化その他の地域の活力の向上に寄与することを目的とする。

《第９回 ワークシート》

1. 本講義の理解

・観光基本法が全部改定され、観光立国推進基本が新たに制定された理由は何ですか。

・リゾート法は悪法と評されている理由は何ですか。

・旅館業法、旅行業法が制定された意味を 100 字以内でまとめてください。

2. 講義内容に関する疑問

・グループ内での検討

・講師の回答

3. グループ・ディスカッションの課題「IR実施法の是非」

IRの利点、問題点を挙げて、その是非を理論すると共に、是の場合は東北地方であればどこに建設可能か、非の場合は理由を挙げて代替案を提示してください。

第10章　マーケティング・ミックス

マーケティングの考え方

巷では、『○○マネジメント』や『××マーケティング』などの書籍や単語が氾濫していて、まずどんな本を読めばいいのか、何から理解すればいいのか、が分からなくなってしまいますが、講義やセミナーでは、多くの場合、有名な理論を参考にしているので、原著を読むことが理解を深めるための学習法になります。しかし、より多くの理論を理解しようとするのであれば、マネジメントは、経営全般を長く継続していくための管理、調整に関わる戦略論であること、マーケティングは、商品やサービスがよく売れるための仕組みを作り出すプロセス論であること、そして前者は後者の上位概念であることを念頭に置いておくと、蓄積した知識を整理しやすくなります。

マネジメントを戦略論として捉える思考は第4章の『観光地経営戦略の基礎的理解』で紹介したので、ここではマーケティングをプロセス論として捉える思考について、少し考えてみたいと思います。売手側から見て、商品やサービスを売るという行為は、創出した価値をお金に換えることを意味します(価値創出)。これを買手側から見ると、商品やサービスを買うという行為は、お金を求めている価値に換えることを意味します(価値認識)。つまり、商品やサービスを売るためには、買手と売手の意図を幅広く一致させる必要があります。売手自身がいくら良いと思うものを販売したとしても、買手がそれを良いと思わなければ取引は成立しません。逆に、買手が欲しいものをいくら切望しても、売手にそれが伝わらない限り、買手が欲しいものは市場に出回りません。買手と売手の意識、行動を一致させるために、売手が行う一連の作業がマーケティングです。

注意すべきは、売買は売手と買手の行為であるにも関わらず、マーケティングを行うのは売手であるということです。買手がいなければ売買は成立しませんから、売手の関心は常に買手にありますし、近年ではマーケティングにおいても売手と買手の情報交流が重要視されています。ただし、売買は、「売る理由」と「買う理由」が対等の関係にある中で、自然発生的に生まれる訳ではなく、買手が欲する価値を作り出す売手が、経営を維持、拡大したいという目標を達成するために考案した計画の一部であり、売手によってコントロールされます。これが、物々交換と貨幣を介した売買との違いになりますし、マーケティングはプロセス論(理論)だとする理由になります。

売手が、経営の維持、拡大という目標を目指してマーケティングを展開していくためには、買手の希望を先回りして知っておくことはもちろん、市場に影響する様々な現象を理解し、その変化を予測しておく必要があります。売手は、状況の変化を敏感に捉え、それを直ちに行動に反映させる俊敏性、可変性が求められますが、軌道修正した行動を改めて市場に反映させなければ、市場をコントロールしていくことはできません。そのため、本書では、マーケティングの具体的な作業を、アンケート調査やインタビュー調査によって買手の指向や行動を把握したり、統計値の解析から市場の動向を捉えるマーケティング調査(市場調査)、定められたフレームワークに従って売手が自社を診断し、進むべき方向性を探るマーケティング分析(市場分析)、分析結果に基づく意思決定を実践するマーケティング対応(市場対応)に分けて考えます。

これらの作業は、市場を知り、対応し、活用する作業とまとめることができますが、マーケティングの具体的な作業を理解するためには、そもそも市場とは何かという点を明らかにしておく必要があります。本章では、マーケティング・ミックスの思考を紹介しながら、市場を構成する要素の捉え方や相互の関係を考え、市場に対する理解を深めていきたいと思います。

10-1　4Pマーケティング

物々交換には売手も買手もありません。貨幣を介して財(商品、サービス)がその供給者から需要者に分配される場が市場(マーケット)です。基本的に、産業革命前の市場では、財の生産者が売手となり、その消費者が買手となっていましたが、産業革命が起こり、大量生産、大量消費の時代になると、生産者と消費者の間に、卸売業者、流通業者、小売業者が介在するようになりました。これは、大量の財を広く多くの人に分配するための仕組(システム)で、同じ財が複数回取引され、それぞれに市場が開かれます。このシステムでは、生産者は消費者の顔色を見ること(希望や感想を知ること)ができないので、生産コストに自身が妥当と判断する利益を乗せて価格を決定しますし、介在業者は生産者が付けた価格を「原価」として自分が売手となる市場での価格を決定します。さらに、介在業者が提供する財は、自分で作ったものではなく、売れると判断して仕入れたものです。これが繰り返される限り、最終的に財を購入する消費者はもちろん、どの市場においても買手に価格の決定権はありません。買わないという意思表示によって市場原理は作動しますが、それは提示された価格に対する受動的な行為であり、市場は売手の判断に依存し続けることになります。

この売手主導の市場を、McCarthy(1960)[1]は、①何を売るのか(Product)、②いくらで売るのか(Price)、③どこで売るのか(Place)、④いかにして売るのか(Promotion)、といった4つの視点(4P)で整理しました(**図10-1**)。4Pに基づく売手の行動は、不特定多数の「誰か」を対象にして「計算」された「計画」であり、市場は、①生産計画、②価格計画、③販売計画、④販促計画によって機能している、と言い換えることができます。これが4Pマーケティングです。買わないという買手の意思表示は、④、③、②、①と売手の計画を遡って売手の行動に反映されていきます。複雑化する市場を区分して考えることで市場の合理性を追求することは必要ですが、それらの相互関連を明確にして、全体の効率性を追求することも、また重要です。こうした思考をマーケティング・ミックスと呼びます。

10-2　4Cマーケティング

Lauterborn(1990)[2]は、McCarthyの4Pマーケティングを批判し、買手目線で市場を捉える4Cマーケティングを提唱しました。Product、Price、Place、Promotionが、それぞれ、Customer Value(顧客価値)、Customer Cost(顧客費用)、Convenience(容易性)、Communication(情報共有)、に置き換わります(**図10-2**)。例えば、店頭で売られている商品は、売手側から見れば、価値創出の結果であり、生産コストや競合他社との差別化から価格を設定し、「売りやすさ」を考えて販売計画や販促計画が立てられますが、買手側から見れば、その商品に自分の求める価値があるかどうか、それが提示された価格に見合うかどうかが問題です。また、買手は「買いやすさ」を考えて購入方法を選択しますし、高額な商品になるほど、一方的な広告コピーよりも、クレーム対応やアフターサービスといった売手と買手の長期的、個別的な関係が購入の意思決定に作用します。

産業が興り、それが急速に発達している時期においては、顧客はその流れに乗り遅れまいとして、あるいは、その流れに乗るだけで十分な満足が得られるため、売手側が提示した商品や価格を単純に受け入れようとしますが、産業の成長速度が安定し、顧客にも商品を選択する余裕が生まれると、買手目線からの市場把握が重要になってきます。爆発的な産業発達が一段落し、環境問題への配慮も指摘され始めた1990年代は、国家戦略や企業戦略の転換期でもあり、4Cマーケティング・ミックスの提案が実状に即していたと考えられます。

ただし、4Cが買手目線からの市場把握とはいえ、マーケティングは、売手が商品やサービスを売るために行う作業であることに変わりはありません。4Cの提唱によって、4Pが否定された訳ではなく、双方からの市場把握がより効果的なマーケティングを生み出すと考えるべきです。

生産計画
原材料調達
製品デザイン
生産量調整
生産ライン管理
価格設定
利益計算
価値創出
差別化
市場シェア管理
4P
Product
Price
Promotion
Place
販促計画
宣伝、広告
提携、連携
イベント企画
ブランディング
販売計画
販売方法
流通管理
営業
テリトリー

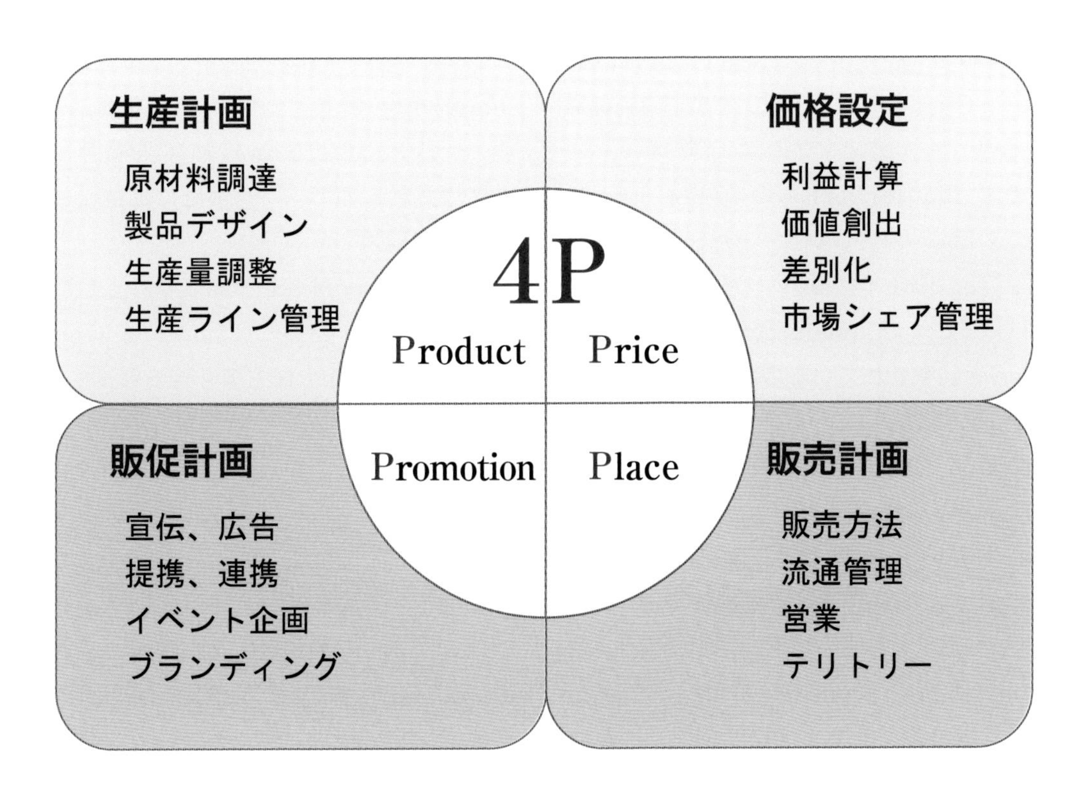

図 10-1　４Ｐマーケティングの内容

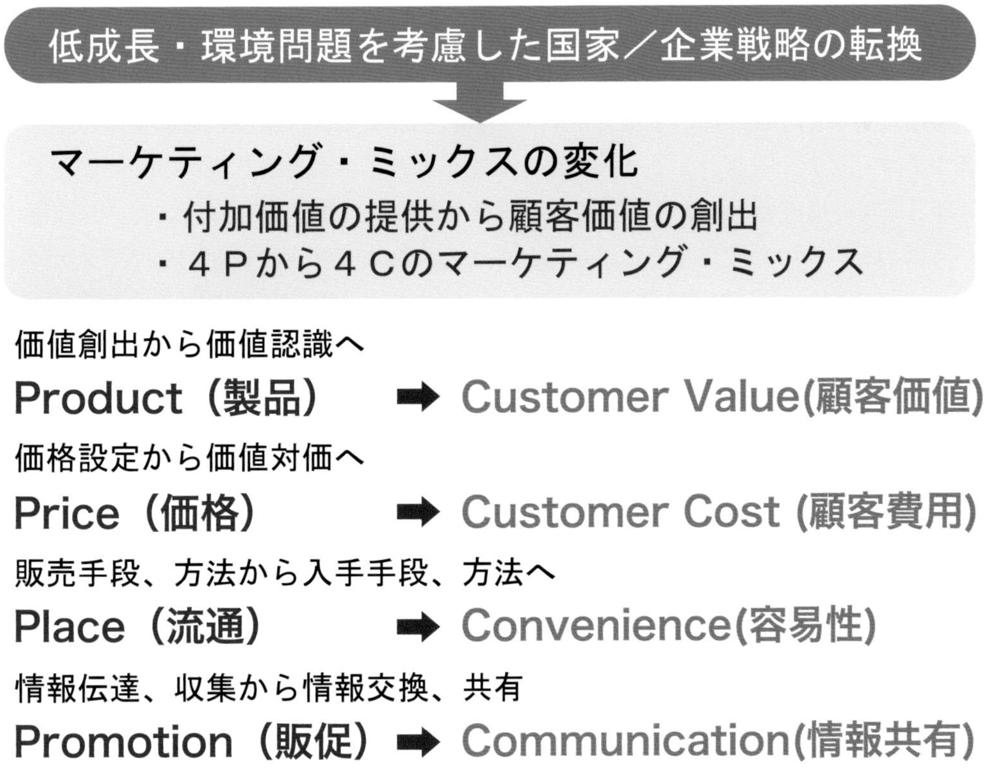

低成長・環境問題を考慮した国家／企業戦略の転換
マーケティング・ミックスの変化
・付加価値の提供から顧客価値の創出
・４Ｐから４Ｃのマーケティング・ミックス
価値創出から価値認識へ
Product（製品） ➡ Customer Value(顧客価値)
価格設定から価値対価へ
Price（価格） ➡ Customer Cost (顧客費用)
販売手段、方法から入手手段、方法へ
Place（流通） ➡ Convenience(容易性)
情報伝達、収集から情報交換、共有
Promotion（販促） ➡ Communication(情報共有)

図 10-2　４Ｐから４Ｃへの転換

10-3 共生のマーケティング・ミックス

清水(1973)[3]の4C：Communication(双方向性を重視した情報共有)、Cost(生産コスト＋社会的コストの統合コスト)、Channel(売手と買手を結ぶ流通経路)、Commodity(消費者と共に創る共創商品や共創サービス)は、共生マーケティングの4Cと呼ばれ、McCarthyの4P、Lauterbornらの4Cを統合した構成となっています。Lauterbornらの4Cはおよそ20年後に発表されるので、時系列的には逆転している点に注意してください。

清水の4Cは、1981年には7Cにまで拡張され、7Cs Compass Modelとして発表されました[4]。同モデルの中心には、Corporation(会社や非営利組織)が置かれていますが、C-O-S(Competitor-Organization-Stakeholder)と注釈されているので、そこには自社組織以外の競合他社や株主等も含まれます(**図10-3**)[5]。Corporationを中心にしているのは4Cを実行する主体であるためですが、それを見守るのはCustomer(顧客)ではなく、Consumer(一般消費者、市民)であり、さらにそれを7つ目のCであるCircumstances(環境)が取り囲みます。

Corporationが行うマーケティングは、Consumerに対しては、Needs(彼らが何を必要としているのか)、Education(それに関する情報を知っているか)、Security(それは安全か)、Wants(それに何を期待しているか)のNESWを考慮して実行されることになりますし、Circumstancesに対しても、National and International(政治)、Economic(経済)、Social and Cultural(社会と文化)、Weather(自然)のNESWを考慮して実行されるものでなければなりません。

清水が唱える共生マーケティングは、マーケティングが人類の活動全般に影響を及ぼすものであることをCorporationが十分に認識した上で、顧客価値を顧客と共創しながら、企業の社会的責任を果たし、一般消費者からの信頼を得ていくことが、持続的な利益をもたらすという思考です。

10-4 マーケティングの進化

Kotler, P. et al.(2010, 2016, 2021, 2023)[6]は、マーケティングに数字のアイコンを付してマーケティングの発展を整理しています。彼らは、マーケティング1.0〜3.0までは、市場の構成要素の捉え方やその相互関連に基づくマーケティング・ミックスの思考でマーケテイングを論じていましたが、マーケティング4.0以降は、市場の構成要素に着目する視点を維持しつつ、技術革新、特にデジタル技術の導入による市場という舞台そのものの変化とそれに対応しようとするユーザーの行動からマーケティングの進化を整理しています(**図10-4**)。本章で紹介した4P、4C、共生マーケティングは、それぞれマーケティング1.0、2.0、3.0に対応します。

マーケティング4.0は、共生マーケティングの後継ですから、上記のユーザーは売手と買手の双方を意味します。Kotlerらは、ユーザーの対応を世代ごとに整理しています。その意味で、第7章の『観光の多様化』で示した世代交代による観光形態の変化が参考になりますが、世代の分類が日本と米国とでは異なる点には注意が必要です。マーケティング4.0は、モバイル・インターネットやソーシャル・メディアを駆使できるY世代が主になって市場がデジタル化され、チャネルを一本化しないオムニ・チャネルに代表されるような市場の仮想空間化を普及させました。一方、次の時代のマーケティング5.0では、デジタル技術は「駆使」するものではないデジタル・ネイティブのZ世代が台頭することで、逆に人間性の向上のためにテクノロジーが利用されるために、デジタル化された市場に社会性が付与されます。彼らはそれを3.0と4.0の統合と呼んでいます。

マーケティング6.0は、5.0が発表されたわずか2年後に発表されたものなので、5.0の後継というよりは、COVID-19のパンデミックや暗号資産の普及等による変異として提案されていると考えられ、没入型社会に対応するメタ・マーケティング[7]になると予想されます。

7CsCOMPASS
Corporation(Competitor, Organization, Stakeholder)が、
4C(情報の共有、総費用計算、流通経路の確立、商品の共創)を行うためには、
ConsumerのNWSE(必要性、知識、安全性、欲求)に対応し、
CircumstanceとしてのNWSE (政治、経済、社会、自然)に配慮しなければならない。
Circumstance
Consumer
Nation
Needs
Commodity
Communication
Weather
Wants
Corporation
Econmic
Education
Chanel
Cost
Secutity
Social and Culture
環境
消費者
国家
必要性
共創商品
情報共有
自然
欲求
会社・組織
経済
教育
流通経路
統合コスト
安全
社会と文化

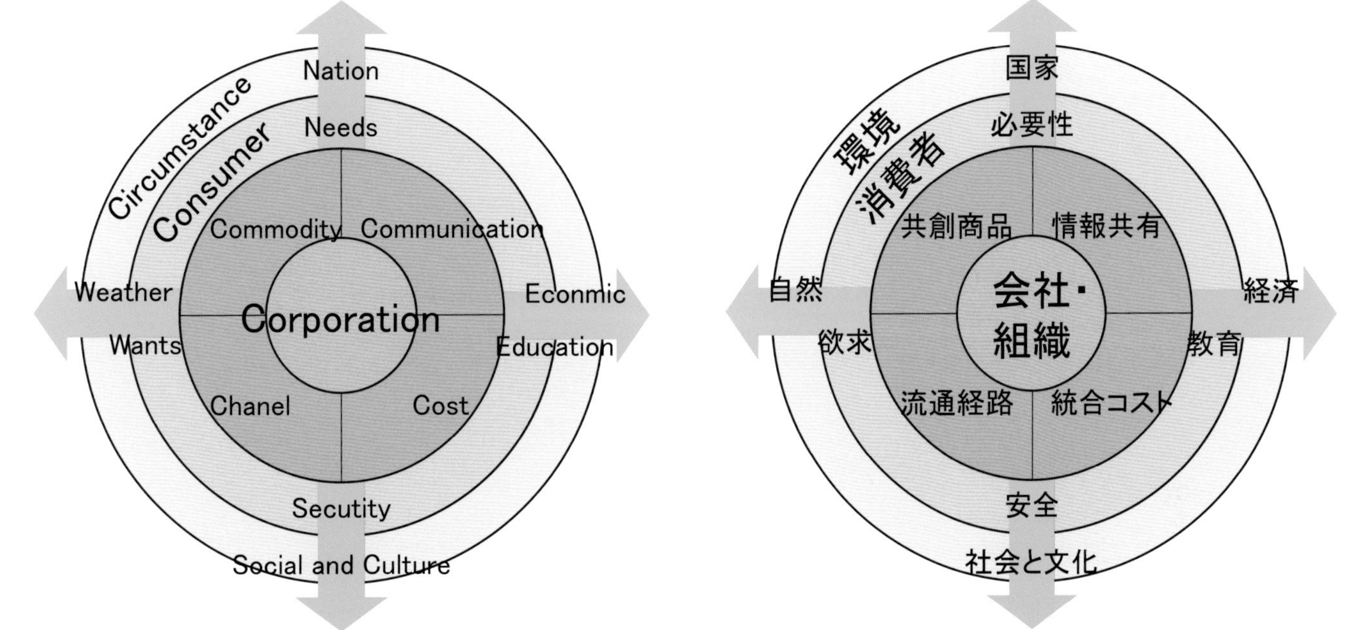

a) 英語版　　b) 日本語版

図 10-3　7Cs コンパス・モデルの構成 5)

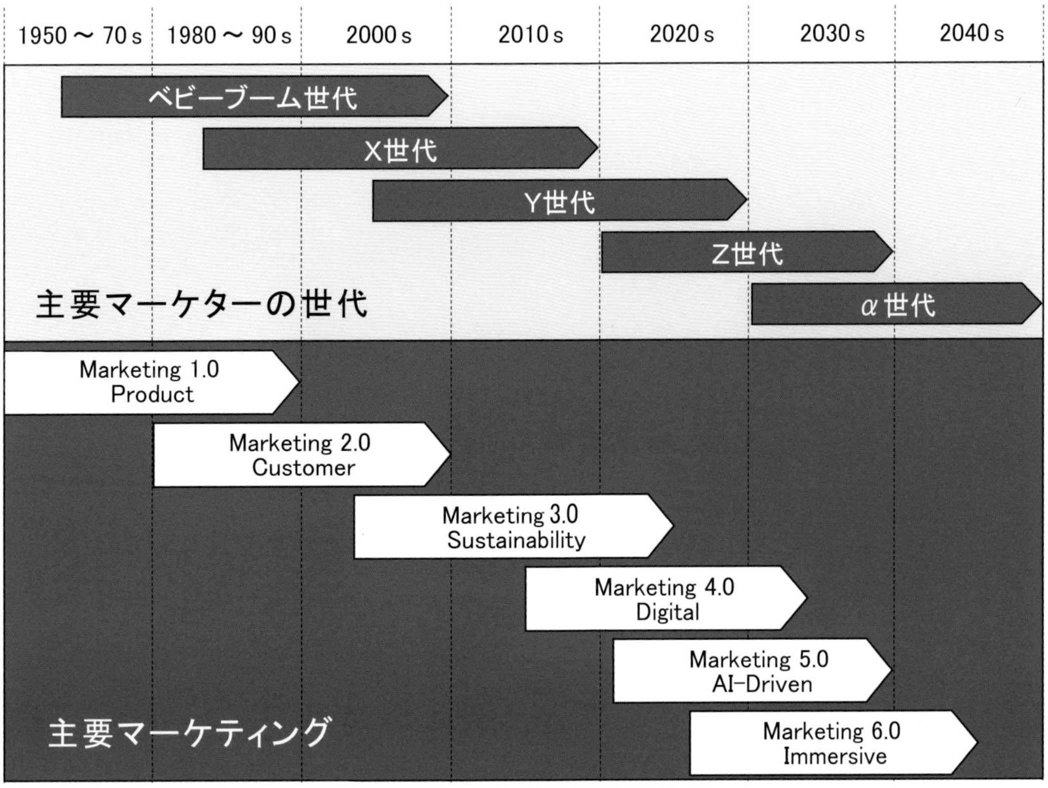

1950～70s
1980～90s
2000s
2010s
2020s
2030s
2040s
ベビーブーム世代
X世代
Y世代
Z世代
α世代
主要マーケターの世代
Marketing 1.0
Product
Marketing 2.0
Customer
Marketing 3.0
Sustainability
Marketing 4.0
Digital
Marketing 5.0
AI-Driven
Marketing 6.0
Immersive
主要マーケティング

図 10-4　マーケティングの進化 8)

《第10回　ワークシート》

1. 本講義の理解

・4Pマーケティングの「Place」とは何ですか。

・4Cマーケティングの視点とは何ですか。

・マーケティング・ミックスの思考が必要な理由を100字以内でまとめてください。

2. 講義内容に関する疑問

・グループ内での検討

・講師の回答

3. グループ・ディスカッションの課題「没入型のメタ・マーケティング」

没入型のメタ・マーケティング（ネット上に形成、展開される社会空間のプレイヤーとして行われる売買行為に対するマーケティング）について話し合い、グループの見解を示してください。

第11章　マーケティング分析

学生の自己分析と企業の自社分析

企業のマーケティング分析と就職活動を行う学生の自己分析は類似しています。多くの学生は、専門職を養成するような学部に籍を置く学生を除き、大学院、公務員、民間企業、からの三択を迫られますが、いずれの学生も将来の自分を具体的にイメージできていません。彼らはそれをイメージできるようになるために自己分析を行います。その手法はたくさんありますが、筆者は自分のゼミ生に、①自分のこれまでの成長をエピソードを交えて思い起こす『自分史』を書き、②自分の長短所をまとめることと、③今の自分を複数の視点から評価し、その理由を説明できるように準備しておくことを勧めています。

自己分析を終え、民間企業への就職を選択した学生は、自分という商品を売り込むための市場を選び(業界研究)、買手となる企業を見つけます(会社研究)。複数の業界を巡り、企業からの評価(採用／不採用)を受けていく過程で、折れて脱落してしまう学生もいますが、大半の学生は、当初行った自己分析の結果に、活動を通して得られた様々な体験(社会常識、マナー、表情等)を加えた2度目、3度目の自己分析を繰り返すことで、より明確に自分の価値を認識し、狙う業界を絞り込んで、計画的に就職活動を行うようになります。その中で、第一希望の企業から内定をもらうことに成功した学生は、業界全体の動向を俯瞰し、目標とする企業のニーズに合わせて、自分の魅力を正確に分かりやすく説明できた学生で、なおかつ、面接官に気に入られた学生でしょう。

彼らは、本格的に就職活動を行うおおよそ半年間という短期間に大きく成長します。そこには大学に常駐する就職アドバイザーからの助言や学生間の情報交換が少なからず作用していますし、筆記試験がある場合は、記憶メインの勉強も必要になりますが、基本的に、彼らは元々持っている自分の魅力を磨き上げて、それをアウトプットする方法を身につけた「だけ」です。問題はこの「だけ」が難しいことであり、それをできるかできないかが結果の明暗を分けると言えます。

学生の活動を企業やその他の組織で行うマーケティングに当てはめて考えると、学生が行う業界研究や会社研究はマーケティング調査、魅力のアウトプットがマーケティング対応(第10章参照)に当たりますし、本章で扱うマーケティング分析は、彼らが行う自己分析とその繰り返しによる魅力の磨き上げということになります。さらに言えば、ほとんどの学生がこうした一連の作業を行っているにも関わらず、面接官に気に入ってもらうための演出や大学ブランドの活用等を織り交ぜた実際の就職活動は千差万別です。それは個々の就職活動が、彼らの育ってきた環境や性格、信条に基づく日常の学生生活の中で考えられた就職活動全般の計画に組み込まれているからです。

前章において、本書では、マネジメントはマーケティングの上位概念であるという立場に立つと述べたのも、商品やサービスのタイプや状況の短期的な変化に対応して、頻繁に見直していくことが求められるマーケティングは、ビジョンに向けて首尾一貫したマネジメント(経営戦略)に組み込まれると考えているために他なりません。もちろん、マネジメントもダイナミックに変化していくものですが、両者が同じスケール、スパンで変化していては企業や組織の姿勢が定まらず、内外に混乱を引き起こします。俊敏に反応しなければならないマーケティングの中核をなすマーケティング分析は、状況に応じた積極的な変化を改善や新たなアイデアの創出に結びつけていくための手法の一つですから、複数の分析を併用したり、分析そのものを変更、入れ替えることを念頭に置いて、それぞれの特徴を理解してみてください。また、分析のためにはどんなデータが必要か、得られた結果を市場にどう反映させていくかを考えることで、マーケティング調査やマーケティング対応との関わりも整理できるはずです。

11-1 方向性

マーケティングとは、商品を効率的に売るための仕組みを作ることで、自他共に自社の立ち位置を定め(position)、当該商品を売る具体的な道筋を描くこと(perspective)に終始します。これは、始点を定めてベクトルを引くようなものですが、これから行おうとするマーケティングの始点を定めるためには、地理的な位置はもちろんのこと、自社を取り巻く社会、経済の動向を把握する必要があります。売買という行為が基本である以上、まず知っておかなければならないのは、売手となる自社(Company)、買手が参入する市場(Customer)、競合する他社の動向(Competitor)であり、それらを明らかにするのが「3C分析」と呼ばれているフレームワークになります。

しかし、「3C分析」だけでは進むべき方法性は定まりません。そのため、(1)市場を細分化して考えることで自社に適した市場を定め(Segmentation)、(2)具体的にどのような客を対象にするのか(Targeting)、(3)自社の特徴を磨き上げ、その特徴を客にどう伝えていくか(Positioning)、を考えながら自社の進むべき方向性を定めていく「STP分析」がよく採用されています。

山形大学の2023年度後期開講科目の一つであった「ツーリズム産業論」[1](日本観光振興協会寄附講座)の第11回講義を担当した株式会社百戦錬磨代表取締役CEOの上山康博氏の講演資料によれば、宿泊市場を細分化し、農泊市場に参入している同社は、12のターゲットを定め、各ターゲットを代表するペルソナ(その製品やサービスを利用する架空のユーザー像)の属性や興味、関心から、ターゲットの規模や訴求する農泊の価値を導き出しています(**図11-1**)。これに、提案するコンテンツのターゲットに同社の存在を認識させ、農泊市場のフラッグシップとして信頼できる企業であることをPRしていく方法を加えると、同社のSTP分析は一旦完成し、その後、実践と改善を繰り返しながら、同社の経営戦略に組み込まれていきます。

11-2 内部環境分析

方向性が決まると、次は、それを実行する組織の分析が必要になります。組織分析は、自社内部の状況を分析する内部環境分析と自社を取り巻く状況を分析する外部環境分析に分けられます。

内部環境分析の代表的なフレームワークとして、VRIO分析を紹介すると、まず、提供する商品に経済的な利益をもたらす価値(Value)があるかどうか、つまりは、顧客が設定した価格で商品を買うかどうかを診断します(**図11-2**)。価値が無い場合、市場劣位は確定的なものになるため、市場から撤退することが最有力の選択肢になります。次に、経営資源に希少性(Rarity)があるかどうかを診断します。希少性が有ると診断されれば、競合他社がすぐに追いつくことはないため、一時的に競争優位に立つことができます。さらに、商品の模倣困難性(Inimitability)対する診断を行います。模倣困難性が高ければ、市場で同様な商品が大量に出回ることがなくなるため、競争優位の持続可能性は高まります。最後に、こうした競争優位を長期的に持続できる組織力(Organization)があるかどうか診断します。秀でた経営資源を活かし、経済的価値、模倣困難性を維持、向上させていくためには、状況の変化を察知し、敏速に対応する柔軟性、可変性が求められます。

4つの視点の頭文字をとったVRIO分析は、Valueから順に、その有無で診断を進め、「有」の数が多いほど、競争優位の程度が高く、利益を長期に渡って得ることができると診断されます。しかし、VRIO分析は、4つの視点による簡易な診断ゲームではありません。進むべき方向性を定めた企業が、丁寧にこの分析に取り組めば、伸ばすべき経営資源と改善すべき経営資源の別が明確になり、自社商品の競争優位の強化に繋げていくことができます。反面、RarityやInimitabilityの判定に明確な基準はなく、正確な判定を行うことができる人材が自社内にいないと、経営資源の吟味はできず、誤認が経営を悪化させることもありえます。

ターゲット規模	ペルソナ			コンテンツ企画案
	ターゲット属性	興味・関心	旅行形態	
200万人	20代後半～30代 女性	「ていねいな暮らし」に興味を持ち、ナチュラルなものを好む	仲良し女子 2～3人	自然の中でゆったり過ごすことで、都会の忙しさを忘れる
350万人	30代 女性	仲の良い同年代の友人と食事をしたり旅行へ行く	仲良し女子 2～3人	普通の旅行ではあまり選択肢にないお寺に泊まり新たな発見をする
700万人	20代～40代	外食が多く、高級なものから安くておいしい食事まで幅広く興味がある	1人旅	地域の郷土料理やお酒ををホストと交流をしながら楽しむ
360万人	20代～50代	料理の専門家から休日に凝った料理を作るライトな層まで様々	1人旅 グループ	地域ならではの料理を知り、作り方を教えてもらえる
100万人	20代～	バックパッカー、1人キャンパー等、普通の旅行よりも刺激的な体験をしたいが、コロナの影響で現在は国内旅行のみ	1人旅	ホストや地域の人と触れ合い、いままで知らなかった日本を知る
100万人	30代～40代	都市部在住の子持ち。子どもが小さいうちに、普段触れることのない自然に触れさせたい	家族旅行	普段は窮屈な場所で過ごしている子どもが農業体験などを通して自然とふれあい、学びを得る
1,000万人	20代～50代	IT・クリエイティブ関連の仕事で会社に出勤する必要がないフリーランサーやリモートワークの会社員	1人,家族, グループ	旅行を楽しみながら非日常な空間でワーケーションを実施
900万人	20代～50代	趣味がサイクリング、週末は遠くまでサイクリング	グループ	普段と違った場所でサイクリングや、普段とは違う種類の自転車での体験
150万人	10代～20代	社会課題やSDGs等に関心が高く、学生団体に所属していたり、ボランティア活動に参加している	1人旅 グループ	農泊で体験できる農業、林業、漁業体験を通して環境について学びを得る
300万人	10代後半～20代前半	あまり高額な旅行はできないので、コスパのいい旅行をしたい	グループ	1棟貸しの農泊施設でBBQや体験などをして思い切り遊ぶ
500万人	30代～60代	普通の旅行には飽き、今までとは違う新しい旅をしてみたいと考えている	1人旅	ホテルや旅館では経験できない体験やホストとの交流
300万人	年齢・性別問わない	仕事等で日本に住んでおり、日本の文化などに興味がある	1人旅 グループ	伝統的な日本文化やそれらを知る日本人と交流することができる

2023年度「ツーリズム産業論」(日本観光振興協会寄附講座、於山形大学)　第11回講義、株式会社百戦錬磨、上山康博氏講演資料

図11-1　ターゲット分析によるコンテンツの企画

VRIO分析
自組織の経営資源 自社の強み・弱みの把握
Value：経済的な価値
Rareness：希少性
Inimitability：模倣困難性
Organization：組織力

左記4点（V/R/I/O）に対する「有無」の診断結果
VRIO が「有」→ 持続的競争優位
VRI が「有」→ 潜在的競争優位
VR が「有」→ 一時的競争優位
V が「有」→ 競争均衡
「有」が無い → 競争劣位

診断の対象	診断の具体的内容	「無し」と診断された場合に生じる問題
Value （経済的価値）	設定した価格で顧客が商品、サービスを継続的に購入、契約するかどうか。提供する商品、サービスに利益を上げるだけの経済的価値があるのか。	設定した価格で商品、サービスが購入、契約されなければ、つまりは、経済的価値が無ければ、利益が生まれないため、市場に居続けることはできなくなり、事業存続は難しくなる。
Rarity （希少性）	他社が所持していない経営資源（人材、固定資本、資金、情報）を有しているかどうか。企業活動を行う上で、他社よりも秀でた特性があるか。	経営資源の希少性が無ければ、他社の追従を許すことになるため、市場の優位性は生まれない。ただし、秀でた経営資源だけでは市場の優位性を維持することができない。
Inimitability （模倣困難性）	模倣できない商品、サービスを提供しているかどうか。他社の開発、革新を阻止することはできないため、診断は現時点における可能性に対するものとなる。	商品、サービスの模倣困難性が無ければ（低ければ）、いずれ同様な商品、サービスが大量に市場に出回ることになる。模倣困難性は競争優位を保つための前提条件となる。
Organization （組織力）	秀でた経営資源を活かし、経済的価値、模倣困難性を維持、向上させて、競争優位を持続させていくために必要な柔軟性、可変性のある組織であるか。	状況の変化を察知し、それに敏感に対応できる柔軟性、可変性が無ければ（秀でた経営資源を長期にわたって活用できる組織力が無ければ）、競争優位を保つことはできない。

図11-2　VRIO分析

11-3 外部環境分析

外部環境は、さらに、自社側からコントロールできるミクロ環境とコントロールできないマクロ環境とに分けられます。外部環境のミクロ環境に対する分析については、自社にとっての脅威である、既存の競合企業、新規参入企業、代替品の存在、売手(サプライヤー)の交渉力、買手(顧客)の交渉力、を把握し、その対抗策を考えるファイブフォース分析を挙げることができますが、ここでは、マクロ環境に対するPEST分析を紹介します。

PEST分析は、自社を取り巻く状況を政治(Politics)、経済(Economy)、社会(Society)、技術(Technology)に分けて捉えていきます(**図11-3**)。マクロ環境は自社側からはコントロールできない外部環境ですから、対応あるいは適応するしかありません。そのため、分析は現象に対する客観的な解釈が主になりますが、そうした事実を自社にとっての機会と脅威に分けて整理する際には、分析者の思考や判断が要求されます。PEST分析は状況把握が目的ですから、そのぶんこれまでに紹介してきたマーケティング分析よりも作業自体は単純ですが、これから新しい事業を始めようとする場合と既に事業が展開されている場合では、分析の視点が異なります。

前者の場合、これから始めようとする事業と関連するP、E、S、Tを見極めることが最初の作業になりますが、当初からそれらを正確に把握することは不可能ですから、広く浅くの理解になることは避けられません。一方、後者の場合は、P、E、S、Tに対応あるいは適応した結果が現状とみなせば、新たな指標を見つけることよりも、関連しているP、E、S、Tの変化に注目した方が今後の展開に必要な情報を得られやすいと思います。また、一つの指標の変化が他の指標に及ぼす影響についても注意が必要です。外部環境の「変動」と「連動」が肝要ということになります。

11-4 統合的分析

STP分析に代表される組織の方向づけに始まり、外部環境分析に至る一連の作業において、最も重要な点は、マーケティング調査によって的確なデータを取集することです。一方で、情報社会に生きる我々の周りには、有効に思える様々なデータが氾濫しており、データの収集に労力と予算をかけすぎてしまい、分析を圧迫してしまう危険性もあります。分析の流れとそのためのフレームワークを理解しておくことは、マーケティング分析に必要かつ十分なデータを効率的に収集することにも繋がります。

それぞれの分析結果は、マーケティングに組み込まれることになりますが、そこで必要になるのがSWOT分析です。SWOT分析は、組織の内部環境評価(組織内の強み Strength、弱み Weakness)と外部環境評価(組織外の機会 Opportunity、脅威 Threat)を掛け合わせてマーケティングの目標を決めるための分析になります。

筆者が、山形大学の粒子線治療施設である東日本重粒子センターを核に、山形県内の医療体制の整備方法を考えるために行ったSWOT分析を事例に挙げると、重粒子線治療が可能という点が最大の強みなることはもちろんですが、「健康医療先進都市」を宣言した山形市のバックアップがあることや、地域医療の体制が山形大学の医学部を頂点に整備されつつあることも強みになります(**図11-4**)。一方で、慢性的な人材不足や全国的に見た場合のアクセスの悪さなどが弱みとなります。また、外部環境に関しては、健康医療に対する意識の高まりが機会となり、陽子線治療施設が隣接する福島県にあることが、「代替施設」、「競合組織」として脅威になります。以上から、強み×機会は積極的、強み×脅威は差別化、弱み×機会は段階的、弱み×脅威は防衛的な目標になることを提案しました。加えて、実際の医療圏を地図化し、秋田県や青森県からの受け入れも念頭に置くことが必要であることを指摘しました。今後はそれぞれの目標を戦略的な観点から検討し、ステークホルダー間の調整や財源の確保といった具体的な課題に対応していくことになります。

Politics（政治）
政治・法律・税制などの動向
（法律の改正、政策・税制・政権の変化、国際情勢、市民団体の活動の把握）
Economy（経済）
経済動向の変化
（景気、インフレ・デフレ、為替、金利、経済成長、雇用状況を示す各種統計の分析）
Society（社会）
社会の動向
（人口動態、世帯数、世論、教育、犯罪、環境、健康、文化、流行のデータ収集）
Technology（技術）
新たな技術開発
（世界的な技術革新の流れ、関連する特許、他社の研究／開発状況の把握）

マーケティング調査によって正確な情報を収集することが前提、
その上で新規事業の開拓／既存事業の修正の別に応じて

1　上記、P,E,S,Tの「事実」を挙げ、それを客観的に「解釈」
2　「事実」を自社にとっての機会と脅威に分類
3　機会あるいは脅威が短期か長期か、収束か拡張か・周期的か突発的かを確認

の作業結果をマーケティングに反映させる。

外部環境の認知なのか／変化なのか、分析の目的を明確にしておくことが重要

図 11-3　PEST分析

内部環境		内部環境	
		強み(Strength) ・重粒子線治療が可能 ・階層的な体系が存在 ・行政の積極的な姿勢 ・空港から30分	弱み (Weakness) ・慢性的な人材不足 ・不均一な地域医療 ・未熟な運携支援体制 ・東京から 3時間，仙台から50分
	機会(Opportunity) ・QOLの向上 ・COVID-19によるライフスタイルの変化 ・国家規模の交流人口拡大戦略	強み×機会 攻めの戦略 3次医療圏を越える医療圏を設定し，連携支援体制を整え，先進医療のHost県としての差別化を図る	弱み×機会 人材確保に重点を置き，1次及び2次医療圏の整備，充実を図る
	脅威(Threat) ・近隣県との競合 ・COVID-19の感染不安 ・受診者の医療費増大 ・先進医療に対する認識不足	強み×脅威 先進医療の先進県として，県内の整備を進め，合理化による受診者の医療費軽減を図る	弱み×脅威 守りの戦略 現状維持を基本とし，医師不足や医師余りを回避するために，医療機関間の連携体制を強化する

図 11-4　SWOT分析の一例　～高度医療施設を核にした県内医療体制の整備～

《第11回　ワークシート》

1. 本講義の理解

・STP分析の「Position」とは何ですか。

・内部環境とは何ですか。

・既に事業が展開されている場合のPEST分析における注意点を100字以内でまとめてください。

2. 講義内容に関する疑問

・グループ内での検討

・講師の回答

3. グループ・ディスカッションの課題「総合戦略における観光施策の評価」

グループ内で観光地を一つ取り上げ、SWOT分析から4つの目標を提示してください。

（必要に応じて、VRIO分析、PEST分析を事前に行なってみると良いかもしれません）

第12章　プレイス・マーケティング

観光地で売るものと観光地が売るもの

Ａという町に一つの商店街があります。商店街には大小様々な店舗があり、それぞれで商品を売っていたり、サービスを提供しています。もちろんそこには飲食店も含まれます。日常の人通りは全国展開する大型書店の周辺に集中していますが、Ａ町特産の「Ａ町牛」を買うために、個人経営のお肉屋さんの前に行列ができることもあります。一方で、最近は、人口減少や後継者不足といった問題から、廃業する店舗も出てきました。商店街には商業を営んでいない人も住んでいますが、商店街の少し有名なお祭りにスタッフとして参加する人もいます。町では、この商店街のいくつかの特徴を結びつけて「○○商店街」と呼んでいます。各店舗の店主らで構成される○○商店街組合は、商店街の活性を上げ、店舗の売り上げを伸ばしたいと考えています。さて、組合はどんな計画を立てて、それをどのように展開していけばいいでしょうか。

上の文章の内容は、全て架空のものですが、地方の商店街では類似する話をよく聞きます。上の話で、組合がやらなければならないことは、書籍の販売でも、牛肉の販売でもありません。組合が売り込むべき対象は、商店街そのものです。そのため、組合に加盟している各店主は自分の店舗で扱っている商品やサービスを売るのと併行して、商店街を売り込むことにも参画することになります。商店街を商品として見れば、商店街の価値評価を行い、できるだけその価値を上げておくことが重要になります。まずは、○○商店街のイメージアップ、ポジショニング、次に、祭りをより有名にする工夫や新規イベントの企画など、同商店街での商売や生活のしやすさ、楽しさといった魅力の強調、創出となるでしょう。社会基盤（インフラ）の観点からは、同商店街までの交通手段や商店街の受入体制の整備、充実が必要になります。さらに、廃業した店舗跡で新たな商売を始める新規参入者や後継者の育成、経営の改善に意欲的な店主の学び直し等の人材育成は、商店街の持続可能な成長を達成するという命題において、最も難しい課題であると同時に最も必要な取組であると考えています。

「商店街を売り込む」ことは、当該地の不動産、動産を売却することではなく、当該地の魅力を高める「場所の価値創出」を意味します。場所の価値創出によって、商店街全体の収益が増える可能性は高まりますが、それは全ての店舗の利益を均一に引き上げるものではありません。場所の価値を評価、創出し、それを域外に売り込むことと引き換えに同商店街が得るものは、地域アイデンティティの共有であり、イメージの向上、イベントの企画、インフラの整備等に必要な人材の流入、投資の増加です。つまり、場所の価値を評価、創出し、それを域外に売り込むことで、域外他者が当該地での商売や居住に対して興味を持ち、彼ら自身が当該地の商業に参加するようになれば、今度は逆に彼らの知識、技術、資金が当該地の成長、発達に反映されるという流れが生まれ、それが繰り返されることによって、当該地のイメージ、魅力、インフラ、人材のレベルは上がり続けます。このような形での場所の価値創出をプレイス・マーケティングと呼びます。

観光は、観光目的の達成だけが取引の対象になる訳ではありません。移動、通信はもちろん、飲食、休憩、娯楽、土産といった観光の過程で発生するあらゆる行為が最終的に当該観光の価値評価に組み込まれます。そのため、各事業所が行う活動やマーケティングに関係なく、観光地の評価は常に総体で示され、それが次の旅行者を呼び込む「評判」になります。プレイス・マーケティングは、個々の事業所の利益を直接上下動させるものはありませんが、場所の価値そのものが商品化される観光産業においては、プレイス・マーケティングを基盤にして、個々のマーケティングを展開する方が、より大きな効果を得られます。

12-1 Placeという概念

4Pマーケティングにおける Placeは「どこで」売るかを考える視点の一つでしたが、本章で紹介するPlaceは「どこを」売るかを考えるマーケティングの対象を指します。前述の例で言えば、商店街という場所を売り込むことになる訳ですが、場所に対する人間の認識の仕方は様々です。Tuan(1975)[1]は、土地、社会、歴史、産業が持つ価値に対して個人が抱く感覚を "a sense of place"(場所の感覚)と呼び、それが個人の経験によって自己中心的に深化、拡張されていくことでPlaceが形成されていくとしました。また、Relph(1976)[2]は、同じ "a sense of place" という単語を用いつつも、それは、人間の五感に身に付けていくようなものではなく、活動基盤に対して見出していく意味や価値であり、経験を通して変化しながら形成されていくと述べました。

Placeは、個人が描くイメージですから、本人にしか分からない思いを観察者が論理的に説明しようとしても、その真偽は永遠に不明です。しかし、集合論的な解釈を加えれば、個々人が経験を通して土地や空間に対して抱くイメージを共有しあい、共通のイメージが作り出されていく過程を理論化することは可能です(**図12-1**)。その論理に一定の妥当性を見出すことができれば、観光はもとより、企業誘致などを有利に展開できるよう、顧客の当該地に対するイメージ形成を意図的に誘導することができるはずでし、観光を活用したまちづくりにも応用が可能です(山田、2024)[3]。

場所イメージが共有化されていく過程を明らかにするためには、地域特性の抽出を目的に発達してきた地理学の視点が有効です。個人が思い描く場所イメージの共有と地域の現象に対する客観的分析から抽出される地域特性は、基本的に別物ですが、両者を比較することで、場所イメージの共有化に関わる主観的な要因の存在とその内容を明らかにすることができます。

12-2 観光産業のバリュー・チェーン

バリュー・チェーンはPorter(1985)[4]によって提唱されました。事業所の活動は、買い手が求める価値を作り出すことです。バリュー・チェーンは、事業所の活動を細分化し、価値が作り出されていく過程を個々の活動ごとに示すものであり、内部環境分析に使用されることが多いようです。

観光産業のバリュー・チェーンにおける最も大きな特徴は、主活動における「原材料物流」、「製造／加工」、「出荷物流」、「販売・マーケティング」、「サービス」が原則として現地(観光地) で行われるという点です(**図12-2**)。もちろん、部分的に域外で発生することもありますが、観光地全体でプレイス・マーケティングを行うことを前提に考えれば、これらの活動が域内で完結することに越したことはありません。

さらに、観光商品の消費も現地でしか発生しません。Porterは、売り手が作り出す価値を買い手が評価し、欲することで売り上げが伸びることから、売り手のバリュー・チェーンと同様に、買い手のバリュー・チェーンも重要であると述べています。観光の場合、買い手(観光客)は現地に赴き、そこで初めて主活動によって生み出された価値やそれらの連鎖による価値を評価することになります。言い換えると、現地にまで来た買い手は、同商品を買うしかない状況に立たされます。耐久性や長期の使用感が生まれることはなく、体験後の感想が商品の評価に直結するため、価値評価はシビアなものになりやすく、即時的であると言えます。

バリュー・チェーンにおける個々の活動間の連鎖は、他産業のそれに比べて、相対的に密接です。例えば、「製造／加工」で大きな価値を生み出したとしても、「販売・マーケティング」において、事前にその情報を全て伝えるべきではありません。現地で確かめる余地を残したマーケティングと連携することで、買手の価値評価を高めることが可能になります。買手にとっては、最初から価値を知らされているよりも、驚きと共に現地でそれを体験する方が、楽しみが増すからです。

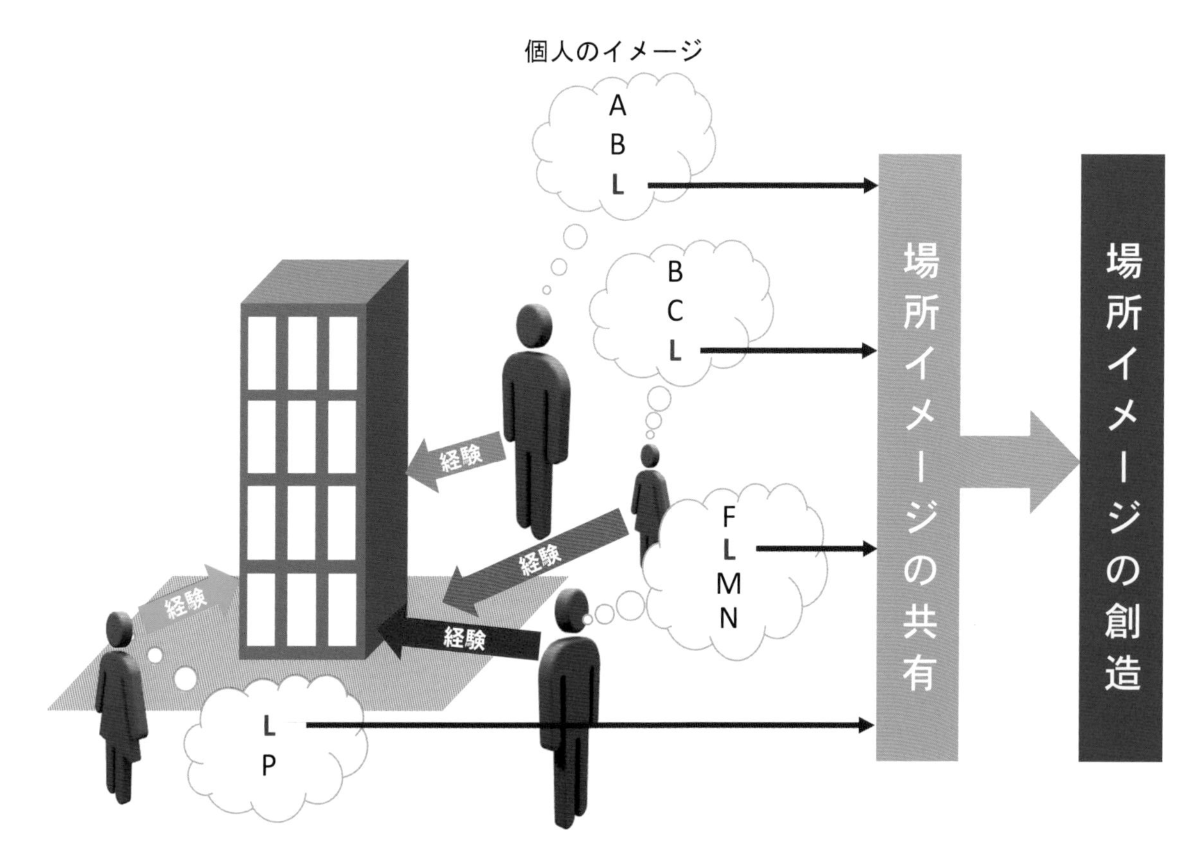

図 12-1　場所イメージの共有 [3)]

図 12-2　観光産業のバリュー・チェーン [5)]

12-3 戦略的マーケット・プランニング・プロセス

プレイス・マーケティングは、単一事業所が新商品を売り込もうとする一般のマーケティングとは異なり、具体的に「誰が」「何を」売るのかが定まっていない上に、場所の価値創出による利益が「誰の」利益になるのかが不明瞭です。そのため、プレイス・マーケティングを実行するためには、まず、このマーケティングに参画する複数のマーケターを募集することから始めなければならず、彼らが納得するだけの説明力を持ったプランニングが要求されます(Kotler, P. et al., 1993)[6]。

Kotlerらが唱えた「戦略的マーケット・プランニング・プロセス」に即して、観光地のプレイス・マーケティングを考えると、実態把握に始まる同マーケティングの必要性は、自治体やDMO、あるいは当該観光地の中核を担ってきた一部の事業者から提起されますが、当該観光地が目指すべきビジョンや目的の設定からは、この提起に関心を示した事業所や住民の意見を取り込みながら進められます(**図12-3**)。次に、ビジョンや目的に合わせて、当該観光地の魅力を高めるために必要と思われる地域特性(地域資源)の抽出とそれらが持つ価値の磨き上げが、住民の理解と施設の整備に基づいて進められます。この過程において生まれるステークホルダー間の協調や連携、役割分担、利益増への期待感が、「地域全体で勝って、内部で分配する」という観光地経営の基本戦略を実行する原動力となります。

Kotlerらは、このステージを「戦略形成」と呼んでいますが、プレイス・マーケティングの中核ですから、ここでは、その内容を端的に示して「場所の価値創出」とします。このステージは、場所イメージの確定、魅力の発見/再発見/創出、インフラの整備、住民の承認と協力、によって構成されます。参画するステークホルダーは、次に続くアクション・プランの策定、実行の過程で増えていくこともあるでしょうが、場合によっては入れ替えも含めて、全体で逐次調整、管理していくことが必要になります[3]。

12-4 観光地のプレイス・マーケティングにおけるマーケター

観光地のプレイス・マーケティングを考える場合、プレイスは観光拠点と捉えられがちですが、観光地間の連帯や観光を活用した広域での経済開発を考えるのであれば、観光地あるいは観光地群を含む自治体の行政域をプレイスとする方が、自治体を主要マーケターに定めたり、自治体からの支援を受けやすいという利点があります(**図12-4**)。また、実装期においては、外部からのコンサルタントやプランナーが支援マーケターとして参画し、実装までの誘導を行う場合もありますが、彼らを永続的に雇い入れることはできず、進捗に合わせて関係を弱めていくことになります。

近年指摘されている観光の多様化に対応するためには、住民の賛同や協力は不可欠になります。問題提起の段階から、住民がマーケターとして参画することは稀でしょうが、経済波及効果による所得上昇、旅行者との文化交流、地域アイデンティティの認識といった観点から同マーケティングに関心を示すような住民は、積極的に取り込んでいく必要があります。住民の参画は、観光に対する地域の承認に繋がりますし、それがなければ観光の更なる発展は望めません。裏を返せば、観光のプレイス・マーケティングは、アクション・プランの実行によって、住民の自発的な参画が増えるようなものでなければならないということでもあります。

近年においては、DMOを主要マーケターに据えるケースも増えています。しかし、日本版DMOが登録観光地域づくり法人(登録DMO)に名称変更された2020年以降、その自立性や自主性が強く求められるようになっているので、それを過度に意識したDMOが自らの自走、存続を目標にしてしまうと、DMOが持つ調整機能が働かず、プレイス・マーケティングの効果が十分に発揮されないという問題が発生します。DMOに与えられた役割が多様であるが故の問題ですが、DMOは、地域発達の主体として観光地を先導するか、自走できるようになるまで各事業所の調整役に徹するか、自らの立ち位置を明確にした上で、プレイス・マーケティングに参画する必要があります[3]。

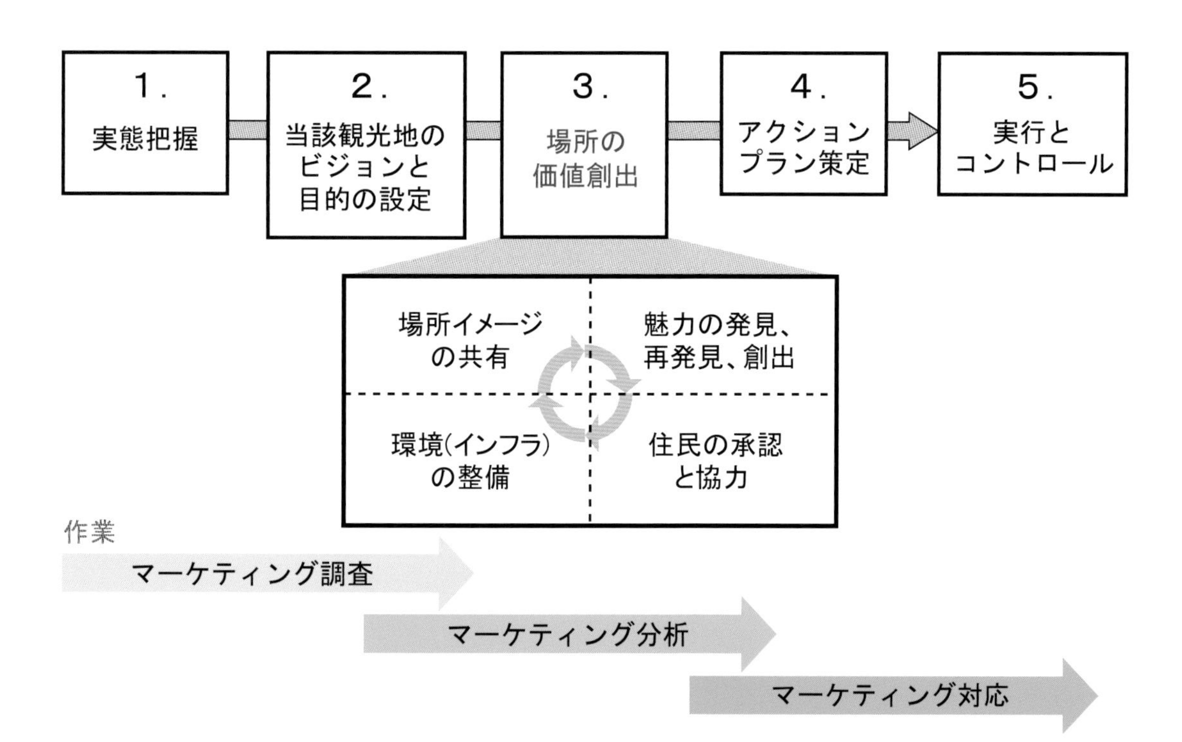

図 12-3　観光地における戦略的マーケット・プランニング・プロセス[3)]

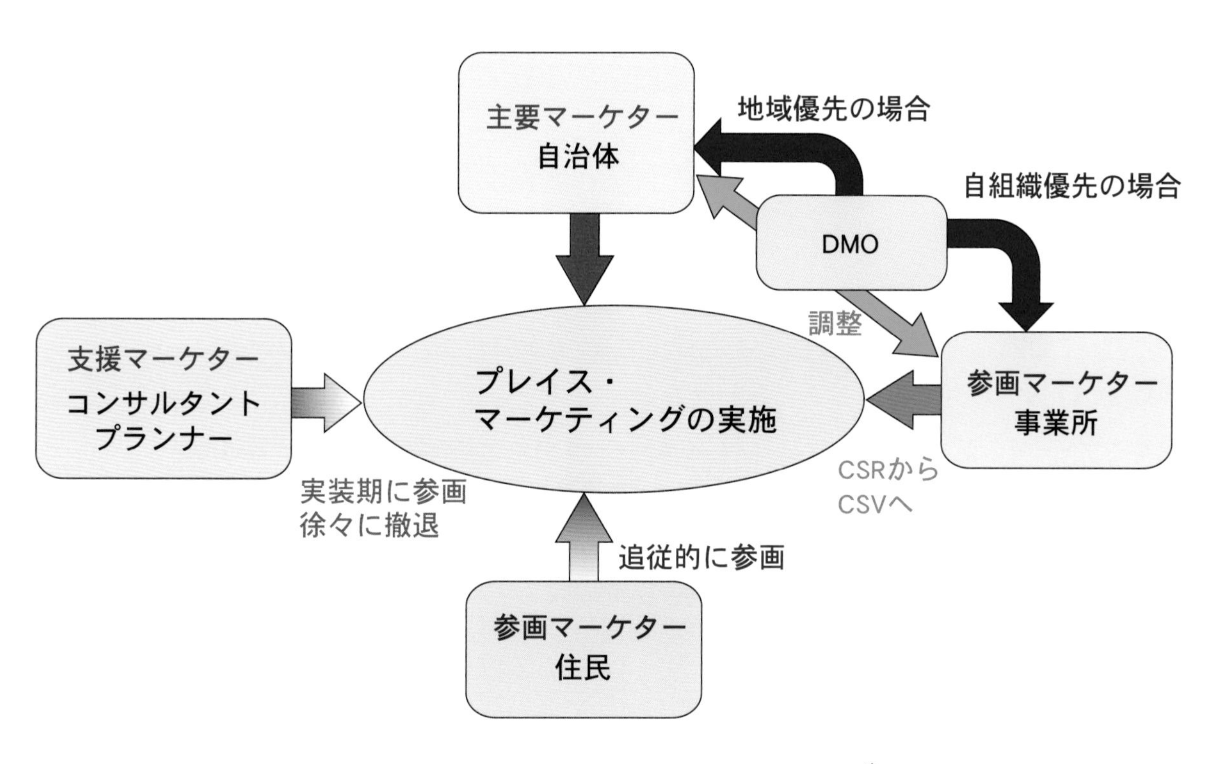

図 12-4　プレイス・マーケティングのマーケター[3)]

《第12回　ワークシート》

1. 本講義の理解

・プレイス・プロモーションの「Place」とは何ですか。

・観光産業のバリュー・チェーンの特徴は何ですか。

・「地域全体で勝って、内部で分配する」という意味を100字以内でまとめてください。

2. 講義内容に関する疑問

・グループ内での検討

・講師の回答

3. グループ・ディスカッションの課題「プレイス・マーケティングの実施に関わる課題抽出」

プレイス・マーケティングを行うにあたって、最大の壁は何か、について意見を出し合い、その解消策を提示してください。

第13章　プレイス・プロモーション

地域一丸の意味

単体の事業所においても、観光地全体においても、商品やサービスを販売することが事業の主目的になります。問題は「そのために何をするか」です。顧客のニーズを知り、それに合わせた高品質の商品やサービスを造成することがまず必要ですが、それらの存在や内容を顧客に知ってもらい、売れ(売り)やすくする環境を作りだすことがプロモーションです。4Pマーケティング、バリュー・チェーンで出てきたプロモーションと同じなので、復習しておいてください。

単体の事業所が行うプロモーションと区別するために、前章の言葉を借りて、観光地が行うプロモーションをプレイス・プロモーションと呼びますが、観光地を認知させるためのプレイス・プロモーションは、プレイス・マーケティングのアクション・プランの一つという理解で構いません。プレイス・プロモーションの内容は極めて単純です。地図で当該観光地を指し示し、「ここで○○を見ることができます、○○を体験できます、○○を食べることができます」と観光地のコンテンツに関する情報を伝えて、顧客を刺激し、彼らの反応(ニーズ)を確認するだけです。もちろん、情報の流し方が肝要ですし、顧客との信頼関係を構築することも必要です。しかし、これでは一般のプロモーションと変わりありません。プレイス・プロモーションとは、観光地全体のコンテンツ情報を同じ顧客に一斉に伝えることであり、その特徴は、事業所や観光商品ではなく「場所」を紹介することにあります。

例えば、小さなお菓子屋さんが単体でスィーツをプロモーションしたとしても、全国や全世界に向けた情報発信は注目度的にも、予算的にも難しいというのが現実です。プレイス・プロモーションの利点は、スケールメリットを活かした情報発信の拡張性にあります。これは、国外での展示会やインターネットの利活用等、情報伝達のチャネルが増えるということも意味しています。当該観光地の事業者は、プレイス・プロモーションに参画することによって、適切なチャネルを選択して、従前には会うことすらできなかった顧客を対象に営業することができるようになります。プレイス・プロモーションには、現地販売が原則の観光産業が有する空間的な限界を部分的に越える効果があると言えます。さらに、場所を想起させるプレイス・ブランディングが、予め的確になされていれば、こうした効果はより高まります。

ただし、プレイス・プロモーションにデメリットがない訳ではありません。先に、プレイス・プロモーションの特徴は、観光地全体のコンテンツ情報を同じ顧客に一斉に伝えることにあると書きましたが、同種の商品／サービスを異なる複数の事業者が販売している場合、プレイス・プロモーション内で競合が発生してしまいます。その結果、観光地内の事業者間で優劣がついてしまうと、地域全体での利益を上げるという目的が達成されません。また、常にプレイス・プロモーションのチャネルに全ての事業所の商品／サービスが乗る訳ではないので、それに取り残されてしまった事業所は、当該観光地における実際の販売シーンにおいて、不利な状況からスタートしなければならなくなってしまいます。参画しない事業者の方に非があるとして切り捨てることは簡単ですが、観光地のマネージャーであれば、全体の調和にも注意を払う必要があると思われます。参画者についても、参画する回数が増えれば、それだけ多くの顧客ニーズを把握することができますが、その対応に注力しすぎてしまうと、経営ビジョンを見失って(あるいは、見誤って)しまう危険性が生まれます。饅頭を1日50個しか製造しないことを「売り」にしている店で、100人100種のニーズに応えるために製造方法を変えることは、文字どおり本末転倒になってしまいます。

13-1 プレイス・プロモーションの「ファネル効果」

マーケティングを勉強したことがある人は、「ファネル(Funnel)」と聞けば、マーケティングファネルを思い起こすことでしょう。マーケティングファネルとは、消費者が商品の認知から購入までの行動を通して徐々に絞り込まれていく過程を指しますが、このフレームワークを応用すれば、種々あるプレイス・プロモーションを論理的に整理することができます。

本書では、プレイス・プロモーションをプレイス・マーケティングの一部に位置づけていますので、プレイス・プロモーションは、場所の価値創出を広く認知させ当該地に呼びせるための活動ということになります。これにマーケティングファネルの認知→関心／興味→比較／検討→購入というフレームワークを当てはめると、最後の「購入」を「来訪」に置き換えることで、プレイス・プロモーションの活動を細分化して捉えることができます(**図13-1**)。まず、認知させるためには、地理的な位置、範囲を含めた場所の明確なポジショニングが必要です。次に、イベントやプレゼントのような関心を引く“狼煙(のろし)”を上げますが、それは当該地の価値に関わるもので、他地域との比較によって評価されるものでなければならないということです。

マーケティングファネルのフレームワークに従うのであれば、プロモーションは4つのステージに合わせて段階的に行う必要があります。また、単発のプロモーションを行うのであれば、消費者を絞り込んでいく流れを意識して内容を構成していくことになります。ただし、認知、関心、比較のいずれに関しても、そのスケールには限界があります。そのため、観光地規模で行うプレイス・プロモーションは、都道府県規模で行うそれに、さらにそれは国家規模で行うものに対応させる必要があります。こうしたスケールの異なるプロモーションを組み合せることで発生する「ファネル効果」を上手に使えば、小さな観光地でも世界中から、全国から、県外から観光客を呼び寄せることが可能になります。

13-2 デスティネーション・キャンペーンの意義

デスティネーション・キャンペーン(以下、DC)は、JR6社と自治体、観光関連事業者等が共同で実施する国内最大級の観光キャンペーンで、1978年に始まりました。期間は通常3か月ですが、近年では、プレDC、ポストDCとして一部の企画が先行、延長されています。また、連携する自治体が都道府県である場合が多いため、広域観光が促進されることも重要な効果と言えます。

DCは鉄道会社が提案する旅行商品ですが、着地となる観光地はもとより、自治体も全域で旅行者の受け入れ体制を整備するので、結果的に、都道府県レベルでのプレイス・プロモーションが展開されます。山形県を例にとれば、過去8回DCが開催されていますが、いずれも一定規模の実績を残しています(**図13-2**)[1]。つまり、時代に関係なく、あるいは各時代に合わせて、山形県の価値が自治体や関連事業者によって創出され続け、評価されているということです。

では、なぜDCの開催に合わせて展開されるプロモーションを毎年企画しないのでしょうか。なぜ鉄道会社のバックアップがなければプロモーションが成功しないのでしょうか。彼らが持つ強大な広告力のためとする見方が大勢でしょうが、企画主が移動手段を案内するからという見方もできます。基本的に、プロモーションは販促活動と言えますが、それは情報の伝達に終始し、具体的な手段の提示、提供には至りません。美味しそうな料理を見せるだけで、お箸を渡さないようなものです。旅行に必須の移動手段が紹介され、移動方法が提示されて、初めて観光地の情報をもとに人流が発生すると考えれば、インバウンド誘致を目的にしたプレイス・プロモーションには、航空機の紹介や利用方法を教える航空会社とのタイアップが必要になります。旅慣れた人には見過ごされてしまいますが、海外旅行で最初につまずくのは空港内の移動です。成田空港／羽田空港から東北地方への移動が不案内である点についても、プロモーションの際に改善していくことが必要だと思います。

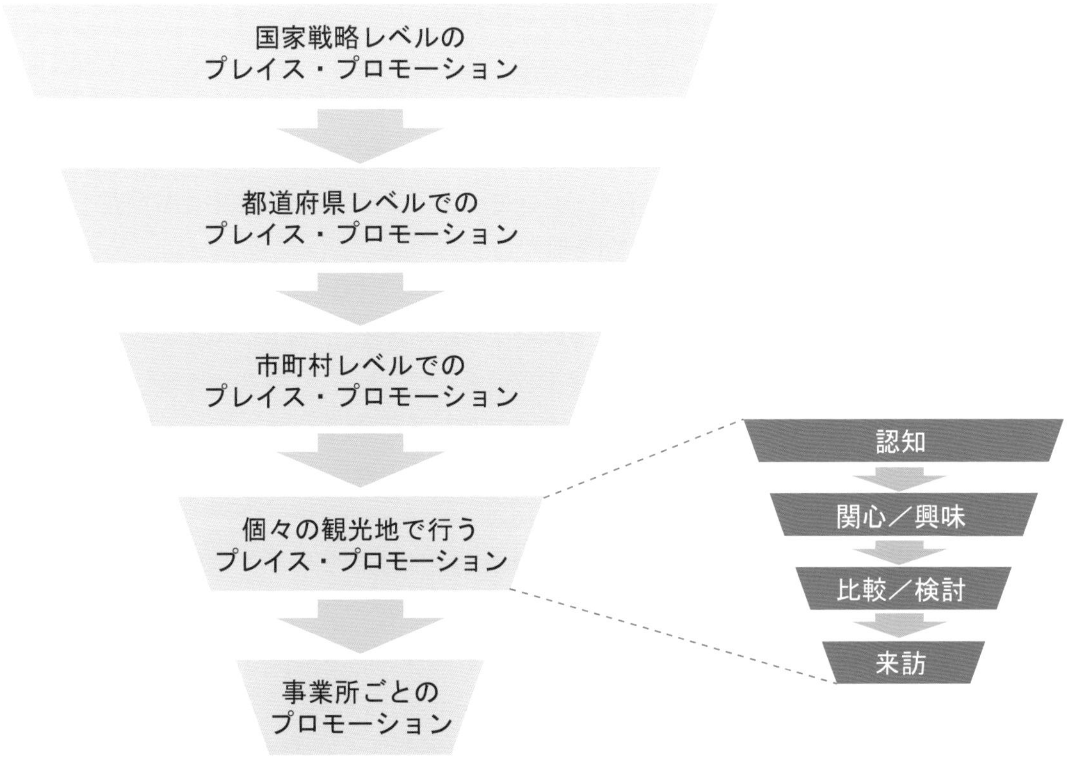

国家戦略レベルの
プレイス・プロモーション

都道府県レベルでの
プレイス・プロモーション

市町村レベルでの
プレイス・プロモーション

個々の観光地で行う
プレイス・プロモーション

事業所ごとの
プロモーション

認知
関心／興味
比較／検討
来訪

図 13-1　プレイス・プロモーションの「ファネル効果」

《 山形デスティネーションキャンペーン 》

1 キャンペーン期間 2014 年 6 月 14 日（土）～9 月 13 日（土）
2 開催地域 山形県全域
3 キャッチコピー等
（1）キャッチコピー「山形日和。」
山形は県内各地で守り育まれてきた自然・文化・食・温泉・温かな人情などの魅力にあふれ、いつ訪れても「旅日和。」であることを表現
青＝豊かな自然 緑＝おいしい農産物 オレンジ＝温かい人情
茶＝歴史文化をはぐくむ風土 赤＝さくらんぼ をイメージ
（2）キャラクター「きてけろくん」
山形県のカタチ「人の顔」をモチーフに、山形を訪れる人、
山形に住んでいる人の「ほのぼのとした姿」を表現

山形日和。

4 イベント列車の運転
5 二次交通の整備
（1）観光周遊バス「びゅうばす」
（2）定額制の観光タクシー「駅から観タクン」
（3）駅レンタカー
（4）割引きっぷ「小さな旅ホリデー・パス」
6 宣伝展開
7 キリンビバレッジ株式会社によるドリンク協賛
8 JR東日本の取組み（別紙）

図 13-2　「山形デスティネーションキャンペーン」の開催通知[1)]（2014 年 5 月 26 日、抜粋）

13-3 フィルム・コミッションの活動

自治体が、プレイス・マーケティングの主要マーケターになった場合、首長によるトップ・セールス、アンテナショップの活動、エキシビションへの参加、イベントの開催等、自治体が行うプロモーション事業のほとんどがプレイス・プロモーションに位置づけられます。それらの全てを説明することは、紙面の関係上できませんし、見直しの際に必要になる共通の視点は、前節で指摘した「手段の確保、紹介、保証」に集約されるので、ここではプレイス・プロモーションとしての歴史が比較的長く、他の事業にも応用が効くフィルム・コミッションの活動を紹介します。

フィルム・コミッションとは、当該地の景観、史跡、施設、人物、産品、グルメ等(ロケーション)を紹介することで、映画、テレビドラマ、CM等の制作会社を誘致し、撮影、移動、食事、宿泊、エキストラ募集等をサポートする非営利団体を指します。独立している場合もありますが、大半は自治体組織の一部がその任を担っています。サポート自体を商品化しない(無償支援)、ロケーション情報の提供や公的施設利用の際の許認可調整を行う(窓口の一本化)、作品の内容は問わない(表現の自由の遵守)、が基本となっています。

フィルム・コミッション設立の目的は現地撮影の円滑化にありますが、業務内容はプレイス・プロモーションそのものです。山形市が運営している「山形フィルム・コミッション」は、2005年に設立され、山形市・上山市・天童市・東根市・寒河江市・村山市・西川町・大石田町を支援エリアとしています[2]。同組織の運営構造を見ると、支援エリアの価値(ロケーション)を自治体、事業所、住民の連携によって映像制作者に伝える体制がよく分かります(**図13-3**)。映像制作者にターゲットを限定することで、支援が具体的になり、自治体、事業所、住民の役割分担も明確になっていることは、プレイス・プロモーションを、今後、企画する際にも参考になると思います。

13-4 プレイス・ブランディング

プレイス・ブランディングは、場所の価値創出の過程で自治体、事業所、住民らが共有した場所のイメージに競争力をつけてターゲットに認知させる作業ですから、プレイス・マーケティングの中に位置づけられるプレイス・プロモーションの一部となります(**図13-4**)。ただし、場所のイメージを認知させるだけではなく、それに競争力をつけるためには、場所の価値を創出する段階から、ターゲットに向けて、ブランド(自治体名、産地名、産品)、差別化、ポジショニングを提示し、ターゲットの意識(identity)、印象(image)、信頼(integrity)を作り上げていかなければなりません。所謂、Kotler, P. et al.(2010)[3]のマーケティング3.0における3iモデルです。

しかし、インバウンドをターゲットにしたブランディングと国内旅行者をターゲットにしたブランディングが常に一致するわけではありません。また、ブランドを形成するということは、地域特性を絞り込むことを意味し、地域特性の絞り込みは旅行目的の単純化に繋がります。これは、旅行目的の多様化している時代の流れに逆行しますし、それぞれの目的に合わせた新たな旅行商品の開発が非観光関連事業者の参画を生み、地域経済全体の活性を高めるというプレイス・マーケティングの本来の目的から外れてしまう可能性も否定できません、プレイス・ブランディングは全てを好転させる「伝家の宝刀」ではなく、むしろ、ステークホルダー間の調整ができなかった場合には、地域全体の衰退を招く「諸刃の刃」と考えていた方が良さそうです。

さらに、日本の観光地では、未だブランド階層が整理されていません。効果的なプレイス・ブランディングを実行するためには、まず、自治体レベルでのブランド(山形県)、観光地のブランド(山寺観光)、観光形態のブランド(スキー)、個々の施設や産品のブランド(○○ホテル)のようなブランドの階層性を理解することから始める必要があります。

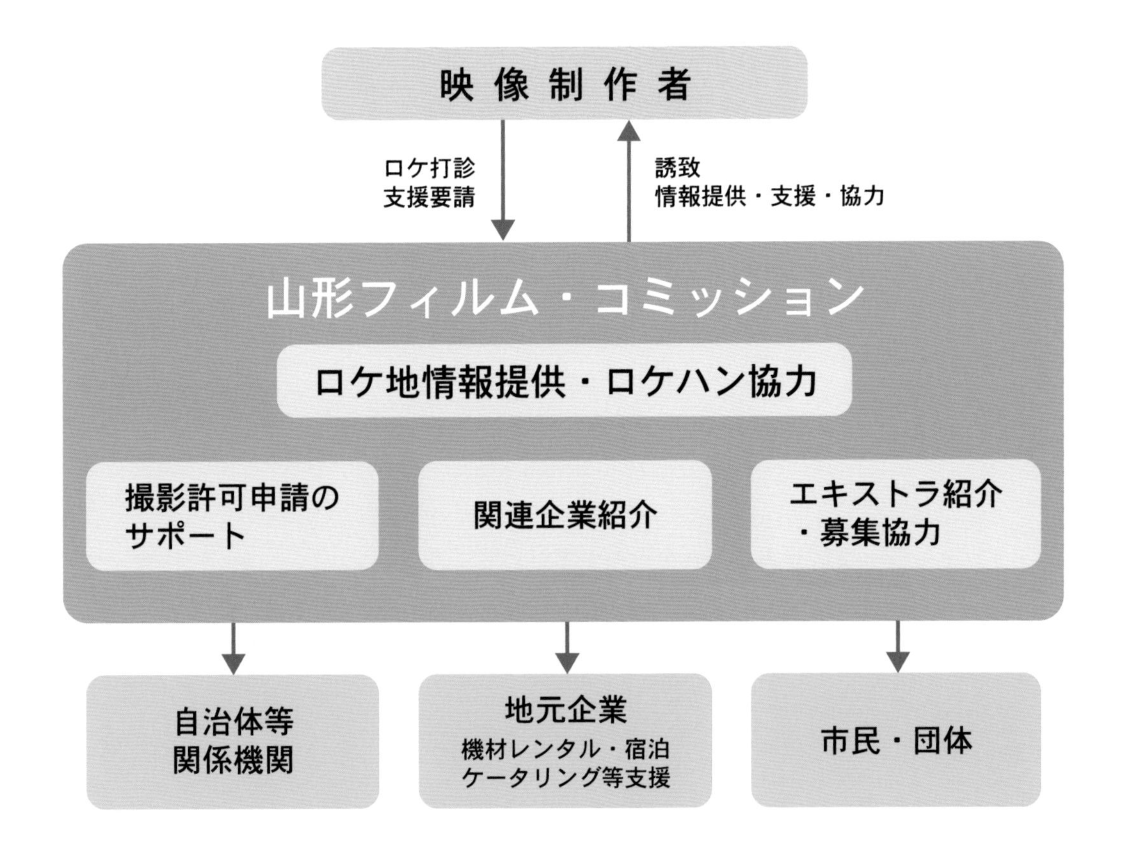

図 13-3　山形 FC の運営構造 [2)]

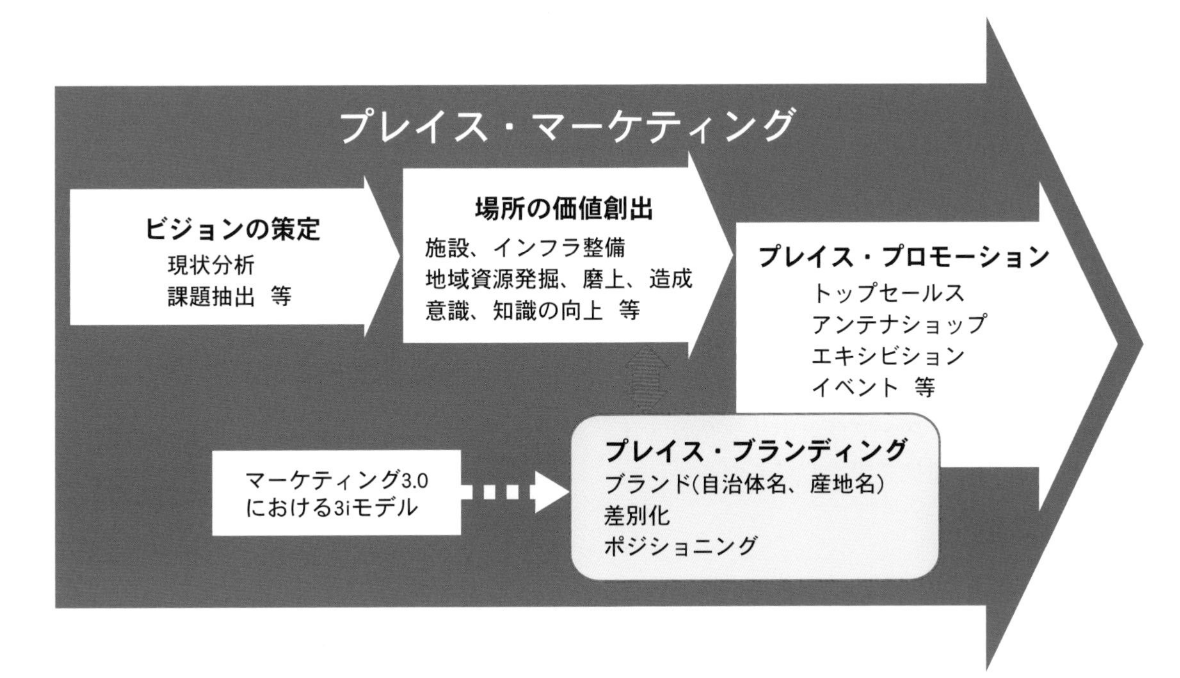

図 13-4　プレイス・ブランディングの位置づけ

《第13回　ワークシート》

1. 本講義の理解

・マーケティングファネルのフレームワークに従うプレイス・プロモーションの限界とは何ですか。

・デスティネーション・キャンペーンの目的は何ですか。

・プレイス・プロモーションの意義を100字以内でまとめてください。

2. 講義内容に関する疑問

・グループ内での検討

・講師の回答

3. グループ・ディスカッションの課題「プレイス・ブランディングのメリットとデメリット」

グループ内でプレイス・ブランディングのメリットとデメリットに対する意見を出し合い、デメリットを解消するための施策を提案してください。

第14章　観光イノベーション

イノベーション

イノベーション(inovation)とは、技術の進歩や発想の転換などによって新たな価値を生み出し、組織(社会、会社)に変革をもたらすことです。人間は狩猟社会(1.0)から農耕社会(2.0)へ移行し、工業社会(3.0)を経て情報社会(4.0)に行きつきましたが、それらが、それぞれ治水、動力、情報発信に関する技術や意識を取り込むことによって生まれてきたことを思い返せば、人間の歴史はイノベーションの歴史と言い換えることができます。次世代に到来する社会は、Society5.0と呼ばれ、ヒトに使われるPCが構成していた情報社会から、IoT(Internet of Things)に代表されるモノを使うPCが構成する社会と言われています(接合社会、第7章参照)。

イノベーション論の歴史は古く、経済学者のシュンペーターが1911年に発刊した書籍の中で「新結合(neuen Kombinationen)」という言葉を使ってイノベーションを整理しています[1)]。彼は、イノベーションを、新製品の製造、新しい生産方法の導入、新しい販路の開拓、新しい原材料供給地・供給ルートの確保、新しい組織の形成、の5つに類型化しました。100年以上前の書籍ですが、現在でもこれら5つのイノベーションが新価値創造の基本となっています。

現在、Socity4.8ないしは4.9のステージにある我々が、Society5.0の観光を考える場合、起点となるのは、何に新たな価値が付与されるか、ということです。情報社会における新価値は「情報・知識」に付与されましたが、Society5.0においては、「時間」に新たな価値が見出されると考えられます。単純な作業、手間のかかる作業はPCがやってくれるという社会では、余剰時間を増やすことが可能です。その結果、人泊で数えられる宿泊者数(延べ宿泊者数)は増えることが予想されます。ただし、新たな価値が時間に付与されるということは、それだけの対価を払うということですから、旅行者はそれに見合うだけの満足を求めます。さらに、せっかく得られた余剰時間を観光地に来る手間、観光する手間で浪費したくないと考える旅行者も増えるでしょう。つまり、Society5.0の観光に求められるのは、「無駄な時間」を使わせない高品質の観光ということになります。

企業は、自社内で技術開発を行い、既存製品の改良(マイナーチェンジ)を重ねています。しかしながら、こうした自社内で完結するイノベーション(クローズドイノベーション)によって改良された製品は、他に追従を許さない高度な技術を用いるほど市場競争が生まれにくく、開発費用をそのまま価格に転嫁できてしまうため、製品価格の上昇を引き起こしてしまいます。もちろん、製品の性能は上がりますが、高い性能に対する満足よりも、高い価格に対して不満を感じる顧客が出始めると、資金力の無い後発企業が、これまでの技術を使って価格を安く抑えた製品を生産し、高性能製品の市場シェアを低下させる場合があります。このように、高性能製品を作り出したイノベーションが、相対的に低性能製品を作り出したイノベーションに負けてしまう状況を、クリステンセン(1997)[2)]は「イノベーションのジレンマ」と呼びました。イノベーションのジレンマは、自社内のイノベーションに没頭する企業が、顧客の反応を見なくなってしまうことで生まれることから、イノベーションを自社内で完結させず、社外にまで展開させることが必要とされています(オープンイノベーション)。

観光産業において着目され始めている「時間」に対する価値創造は、今後のイノベーションにも大きく作用することが予想されます。我々の日常において、余剰時間は余った暇な時間ではなく、捻出された時間です。大切な時間を満足に変え、「無駄な時間」を使わせない高品質の観光を開発、持続させていくためには、イノベーションについても連携が求められます。

14-1 観光イノベーションの実践

観光庁(2011)[3]によれば、観光産業のイノベーションは、顧客が求める価値を正確に捉えることが前提となります。観光産業に限らず、これは「イノベーションのジレンマ」に陥らないための必須要件でもあります。同庁は、(1)需要の創造、(2)仕組の改編、(3)多様な連携、をイノベーション誘発の3要素と呼び、それらの組み合わせて考えることが業務改善や新商品造成に繋がる発想を生み、それによって事業者の活動の選択肢が増えることによってイノベーションが推進されると述べています(**図14-1-1**)。3つの要素の組み合わせについては、(1)+(2)によって業務改善を目指す1型、(1)+(3)、(2)+(3)、(1)+(2)+(3)によって新たな価値創造を目指す2型、3型、4型の4パターンが示されていますが、1型以外は(3)との組み合わせであり、新たな価値創出には連携が欠かせないことが主張されています。ただし、同書に示された「イノベーション・プロセス」は、発案された事業の実践過程を起動、推進、継続の3段階に分けて示したもので、観光業界や当該観光地全体を変えていくようなイノベーションの発現プロセスを示すものではありません(**図14-1-2**)。

もちろん、これは観光庁のガイドを批判するものではなく、観光産業、観光地の発展を硬直化させないためには、クローズドイノベーションからオープンイノベーションへの転換を促進しなければならないという同庁の意図を反映したものと考えられます。2010年代の日本は、まずは観光事業を現地のステークホルダーが連携して発案、実行してみるという段階にあったということです。

オープンイノベーションへの転換に必ずしも劇的な技術革新は必要ありませんが、顧客が従前の価値に不満や不安を感じ始めるきっかけは重要になります。2020年代はパンデミックやDXによる「きっかけ」の時代ですから、発案した事業の実行によって得た経験と知識を活かし、育成された人材が力を合わせて、オープンイノベーションを進展させる時代にしていく必要があります。

14-2 八戸あさぐる

観光庁(2011)が、イノベーション誘発の3要素(需要の創造、仕組の改編、多様な連携)の全てを結びつける事業のモデル・ケースとして紹介した、八戸観光コンベンション協会による「はちのへ『朝めし』『朝ぶろ』による朝の新規需要創出事業」(商品名:八戸あさぐる)[4]は、ビジネス客の要望、個別サービスの統合、多様なステークホルダーの連携を結びつけました(**図14-2**)。「仕事で来たから積極的に観光したり、遊んだりする時間はないけど、何か旅先で楽しみたい」というneeds(必須)ではないwants(思い)を誰もが行う朝の身支度(食事、洗顔)の時間と行動の中に組み込むというニッチな発想はまさに「需要の創造」です。

八戸市の地域資源である銭湯(温泉)と朝市を組み合わせたサービスは、ホテルやタクシー事業者が既に行っていましたが、それを統合したことで効率やスケールメリットが生まれました(仕組の改変)。また、事業の実施には、ホテル、タクシー事業者の他に、温泉関係者、市場関係者らの協力が必要であり、自治体も二次交通の整備を検討していました(多様な連携)。

来訪者の約8割がビジネス目的という八戸市で、「観光」商品が生まれたという話題性やそのユニークな内容から、2010年代前半はインターネットでも度々取り上げられ、あさぐるを目的にした観光客の来訪も増えたということですが、現在(2023年)、同事業は休止中です。行政の都市計画における位置づけも、第5次の総合計画(2007～2015)では取り上げられましたが、第6次以降の総合計画からは姿を消しました。パンデミックの影響もあったでしょうし、観光庁(2011)でも、モデル事業は、イノベーションのための実態把握、事業立案の体験、課題抽出が目的だったかのようにまとめられていますが、極めて興味深い取組ですし、実績も残していた事業だっただけに、イノベーションの発現は別にしても再開に期待したいところです。

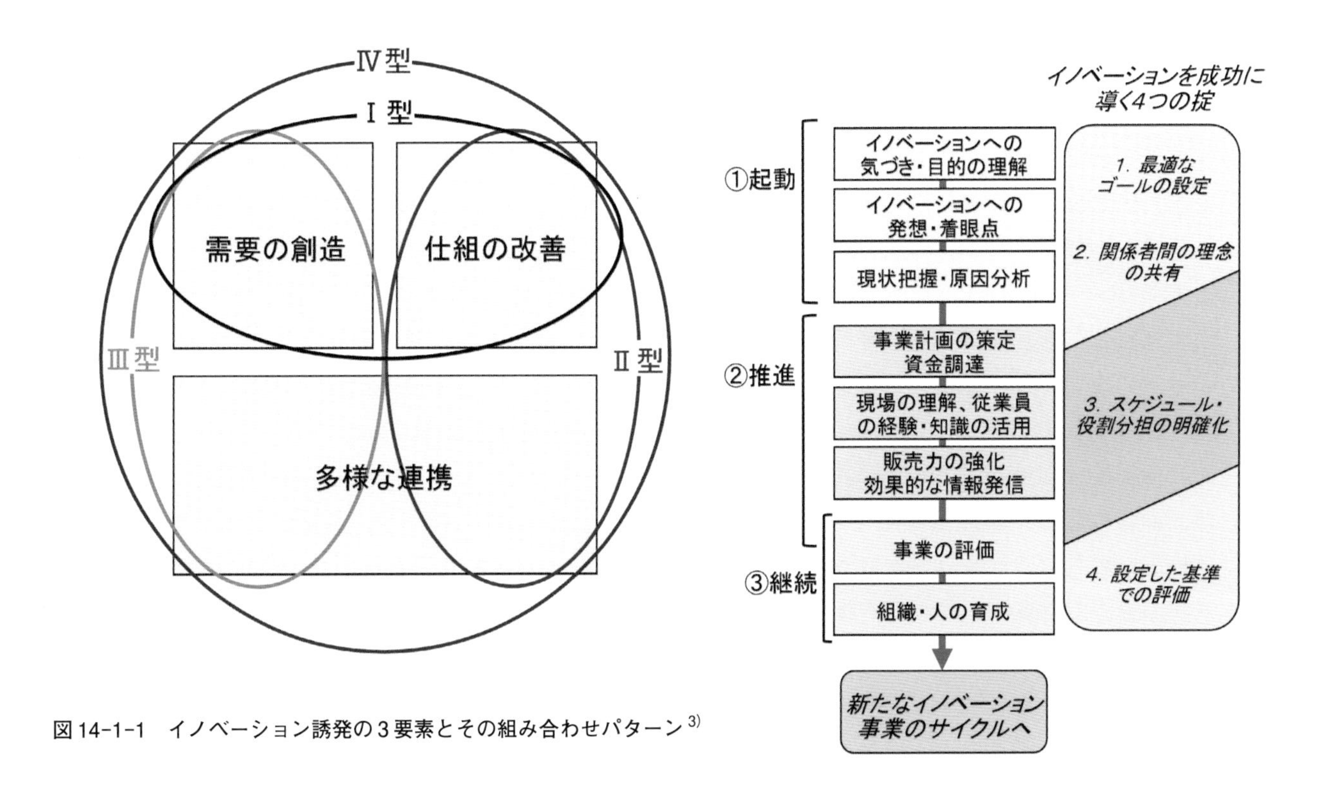

図 14-1-1　イノベーション誘発の 3 要素とその組み合わせパターン[3)]

図 14-1-2　イノベーション・プロセス[3)]

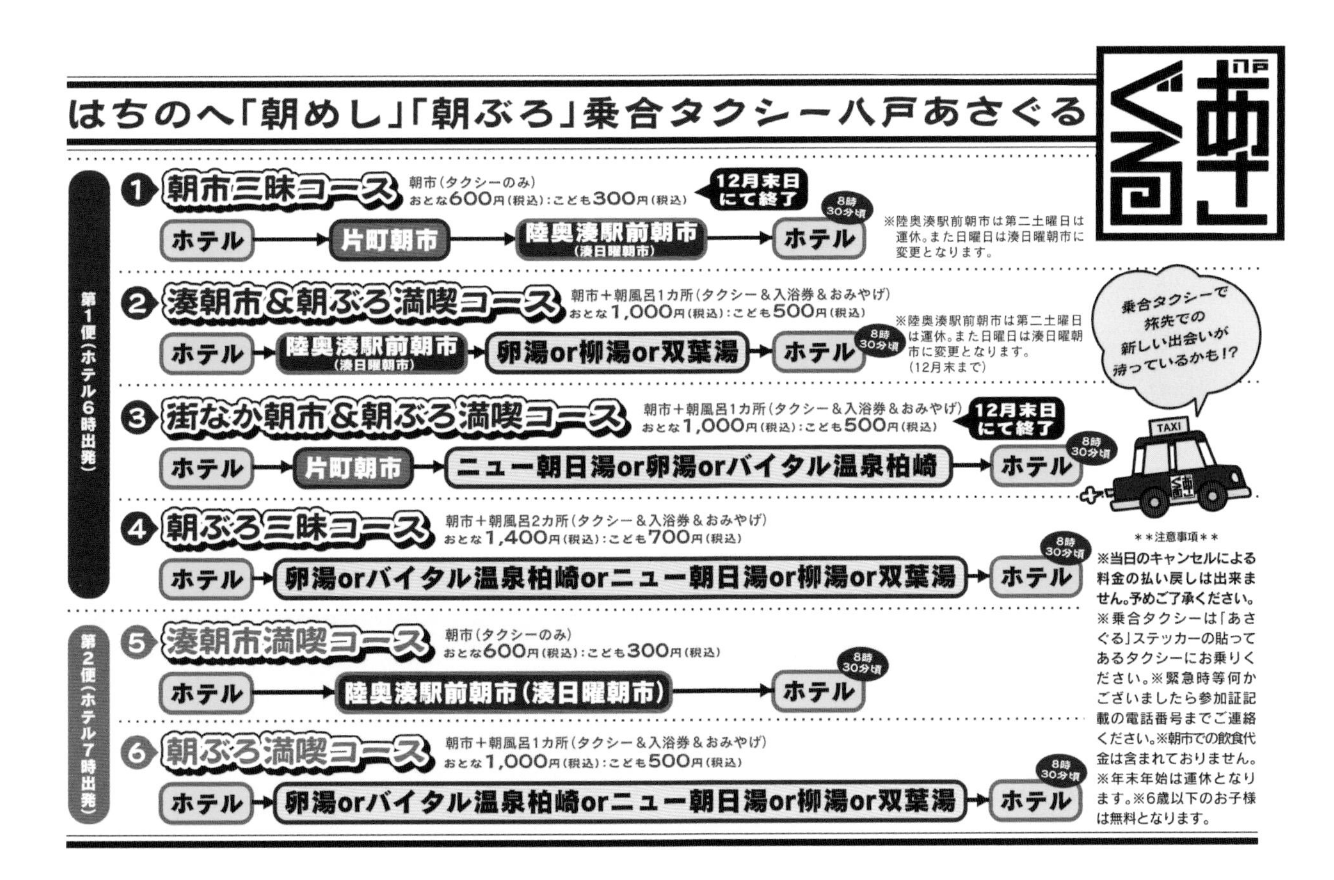

図 14-2　八戸あさぐるの乗合タクシーのコース[4)]

14-3 顧客関係管理(CRM：Customer Relationship Management)

自社製品の性能を上げるために行う持続的イノベーションは、顧客が持つ既存の価値基準に沿う形で進行するものですが、筆者は、新たな価値基準を与える破壊的イノベーションが、必ずしもこれまでに作り上げられてきた既存の価値を急激に低下させるとは考えていません。イノベーションのジレンマの発生が必然ではないということです。むしろ、当面は二つのイノベーションを共存させ、新たな価値基準への緩やかなシフトを目指す方が、総体(ここでは観光地全体)の持続可能な成長を担保しやすいと考えます。

いずれにしても、顧客の指向を正確に捉え、それに合わせた価値創出を目指すことが重要になるため、近年においては、顧客関係管理と呼ばれるフレームワークの必要性が指摘されています。観光庁(2011)も、考え方の検証(PoC; Proof of Concept)、創出される価値の検証(PoV; Proof of Value)、実現可能性の検証(PoB; Proof of Business)を行うためのプロトタイプとして、地域にモデル事業を企画、実行させ、顧客関係の重要性を認識させることに重点を置いています。ただし、地域によるプロトタイプは、検証が繰り返され続けるという無限ループに入り込む傾向があり、有望なアイデアが生まれても、ループの過程で新規性が失われるなどの理由から失速してしまう場合があるので、新ビジネスとして実行に踏み切れる体制づくりが併せて必要になります(**図14-3**)。

持続的イノベーションによって従前の市場を牽引してきた企業が、イノベーションのジレンマに陥らないために、オープンイノベーションを進める場合も、顧客関係管理は必須となりますが、そのために投下した資本の回収も必要になることから、プロトタイプによる検証を繰り返すにしても、新ビジネスとしての実行が目標として明示されます。そして、最終的には、それらを自社の活動に組み込んで、自らが新たな価値基準を段階的に顧客に提案していくことを目指します。

14-4 民間事業者の取組

観光は移動を前提とする行為ですから、交通事業者はまさに観光産業の牽引者と言えます。JRは、前章において紹介したDCを通じて、鉄道事業が創出する新たな価値を検証してきました。それは、鉄道会社が旅行商品を提案するといった頃にまで遡りますが、2014年の山形DCについて言えば、イベント列車の運転や二次交通の整備は、汽車や電車を走らせて駅間の人／物流を作り出すという鉄道事業が提供してきた本来の価値から外れています。特に、このDCで投入された「とれいゆつばさ」は、新幹線車両に「乗ること自体が目的となる列車」という新たな価値を付与しました(**図14-4-1**)[5)]。これは、「早く目的地に着くこと」という従前の価値とは逆の発想です。とれいゆつばさは、2022年3月に運行を終了しましたが、そこで検証された新価値は2017年に運行を開始した「四季島」に反映されているものと考えられます。一方で、JR東海では、リニア新幹線の開発によって、従前の価値創出が追求されています。鉄道業界においては、破壊的イノベーションと持続的イノベーションが共存している状況にあり、どちらかが否定されているわけではありません。

鉄道事業者に比べれば後発になりますが、高速道路事業者も、高速道路の4車線化といったこれまでの価値創出を追求する高速道路事業を進めながら、サービスエリア事業や高速道路関連ビジネス等の関連事業からの売上実績を重ねています。加えて、NEXCO東日本では、2021年から「東日本ドラぷらイノベーションラボ E-NEXCO OPEN INNOVATION PROGRAM」を開催して、オープンイノベーションを進めています(**図14-4-2**)[6)]。過去に採用された提案を見ると、同ラボの方向性は、新価値創出による破壊的イノベーションを狙うものではなく、彼らが求めるテーマに彼らとは別の視点から取り組む新規事業を支援することによって連携企業を開拓することと、SDGsに参画する自社のCSRを強調することにあり[7)]、視野の拡張によるイノベーションの実例として参考になります。

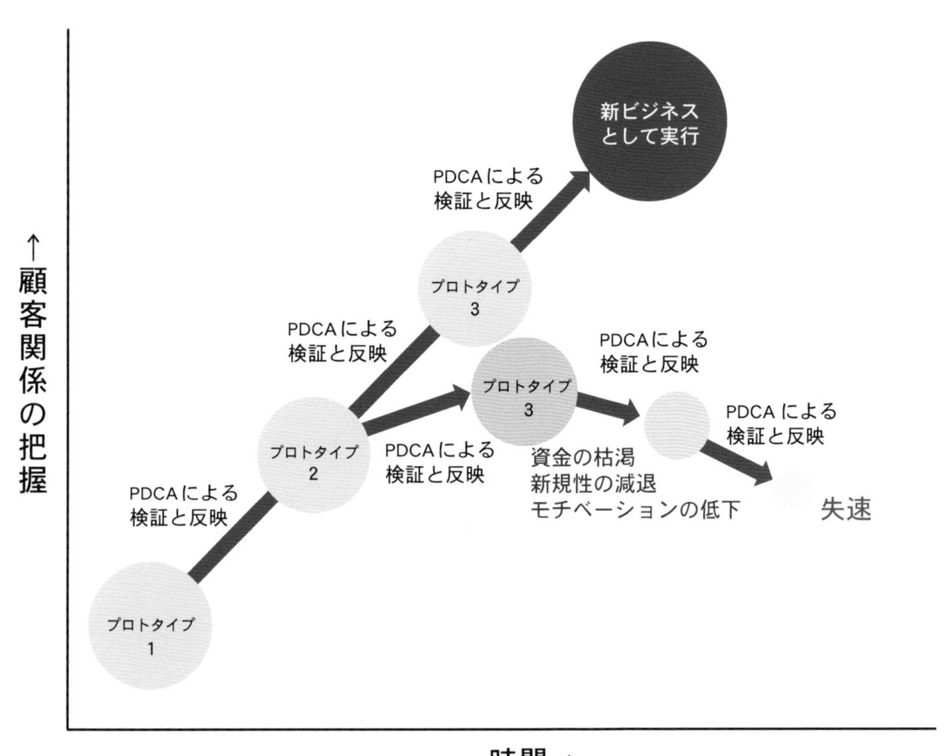

図 14-3　プロトタイプによる検証の明暗

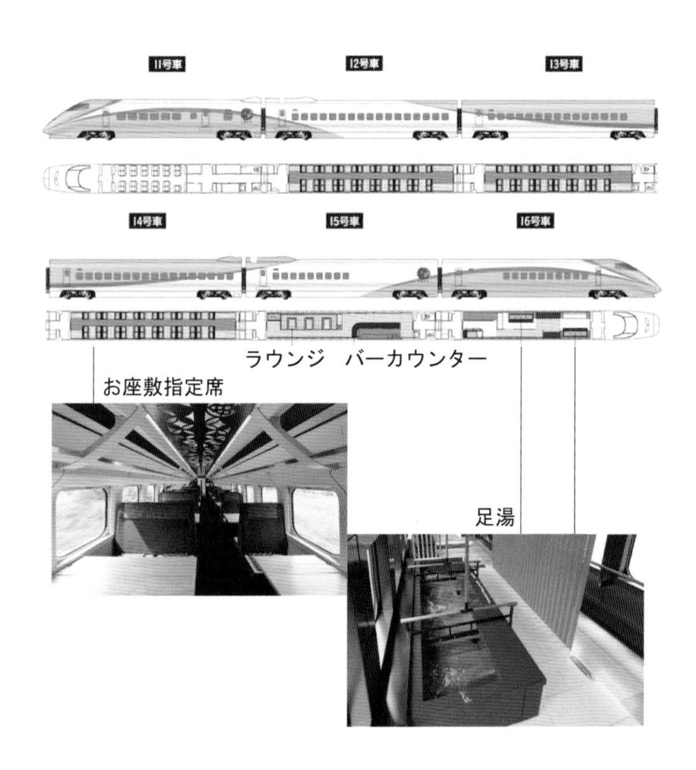

図 14-4-1　JR 東日本の事例 [5)]

「ドラぷらイノベーションラボ 2023」の 4 テーマ

・次世代に向けた高速道路事業のアップデート
・サービスエリア・パーキングエリアの価値向上
・各種アセットを起点とした地域連携強化や新事業創出
・サステナブルな社会への貢献・事業運営

「ドラぷらイノベーションラボ 2022」で採択された 7 社の提案内容

・水素燃料電池ドローンによる長距離配送
・AIを用いた工事発注資料作成支援システム
・鉛バッテリーの延命化
・無人販売機による新たな商品展開
・超撥水コート剤を用いた標識等の雪庇対策
・緑化と防草を一体化した苔シート
・メタバース×高速道路による新たな顧客体験の創出

図 14-4-2　NEXCO 東日本の事例 [6), 7)]

《第14回　ワークシート》

1. 本講義の理解

・「イノベーションのジレンマ」とは何ですか。

・八戸あさぐるの特徴は何ですか。

・プロトタイプの検証が繰り返され続ける理由を100字以内でまとめてください。

2. 講義内容に関する疑問

・グループ内での検討

・講師の回答

3. グループ・ディスカッションの課題「持続的イノベーションと破壊的イノベーションの共存」

グループ内で、持続的イノベーションと破壊的イノベーションの特徴を確認しあい、両者を共存させることに対する是非を理由を挙げて示してください。

第15章　観光DX

観光DXの狙いと課題

ここでは、2022年度に設置された「観光DX推進のあり方に関する検討会[1]」における議論の結果を観光庁が2023年3月に取りまとめた『観光DX推進による観光地の再生と高度化に向けて[2]』を取り上げて、観光DXを整理していきたいと思います。

COVID-19のパンデミックによって、デジタルツールやインターネットの利用が促進され、社会もそれらを日常的に受け入れるようになりました。これは、従前において、それらが受け入れられていなかったという意味ではなく、移動制限の中で、仕事を含めて、それらを活用する(しなければならない)機会の比率が急激に高まったということです。観光産業は、移動制限による打撃を直接被りましたが、提起され続けてきた観光イノベーションをこうした時勢を追い風にして進展させることを「観光DX」と呼んでいます。

観光DXのためには、新技術の内容を理解し、それらによるデジタルツールを使いこなす必要がありますが、重要な点は、観光DXの狙いは、あくまでも観光振興による観光地や観光関連事業者の利益増にあるということです。その意味で、DXはDigital Transformationではなく、様々な種類のData Transformationでもあり、デジタル・ツールは手段の一つにすぎないという認識も必要です。観光やホスピタリティに関わる情報はデジタル化できないものも多くあります。それらの収集、共有も観光振興には欠かせません。デジタル化が進むほど、オンラインからオフラインへ消費者の行動を促すO2O(Online to Offline)の施策が必要だとも言われています。しかしながら、これは「うちは小規模で従業員も少ないので観光DXには参画できない」という消極的な姿勢を肯定するものではありません。DXは経済、社会の全般にわたって強力に推進されているので、やらなければ確実に取り残されてしまいます。

『観光DX推進による観光地の再生と高度化に向けて』では、①旅行者の利便性向上・周遊促進、②観光産業の生産性向上、③観光地経営の高度化、④観光デジタル人材の育成・活用の4つの柱を設定して、それぞれのビジョンに応じたロードマップが提案されています。①～④はいずれも資本投下によって達成されます。しかし、投下した資本を回収し、事業所の利益や観光地の利益に繋げていくためには、それらを稼働させなければなりません。つまり、一概に「デジタル化」と言っても、それを支えるのは人間であるということです。人材の確保は、雇用創出を意味しますし、加えて、高度な技術や知識が必要な職種になることから、高学歴者の雇用が必要となり、高学歴者の域外流出という地域課題の解消にも作用します。新規雇用ではなく、既存従業員の再教育という手法を採る場合は、当該職に就くことで賃金水準も上がるので、従業員の労働意欲を向上させる効果を期待することができます。難しい仕事をさせても賃金は上げないといった経営姿勢では、優秀な人材を育成し、維持することはできませんし、観光地の価値も創出されません。

ただし、一般に、デジタル化によってもたらされる増収の多くは、合理化によるコスト削減によるものです。DXの進展によって、事業所の利益が上がり、観光地の利益もあがった、ということになっても、結果的に従業員総数が減少した、とならないためには、まずは行政や新規事業におけるDXに注力し、既存事業については人員の再配置計画と合わせた穏やかな進展を計画すべきです。何よりも、経営者層が、DXの導入によって何を目指すかという目標を明確にしなければ、経費だけが増して、何も変わらないという結果を招くことになります。

15-1 旅行者の利便性向上と周遊促進

『観光DX推進による観光地の再生と高度化に向けて』で検討されている4つの柱の1番目に挙げられている「旅行者の利便性向上・周遊促進」は、旅行者の利便性向上や周遊促進を促すことで、旅の満足度向上や消費額増大が図られている状態を将来ビジョンに定めています（**図15-1**）。本項目の課題は、1情報収集や予約等における旅行者の不満、2周遊・消費のレコメンド不足、ですが、3その他として、保護、保全のため現実の体験が難しい地域資源の観光資源化が挙げられています。

課題解決のためのツールは、「旅行者のニーズに合わせた」大手サイトの活用、個別サイトの構築、システムの整備、デジタル・デバイスの活用、新技術の導入、に分けられます。ヴァーチャル体験のための新技術の導入については、移動を伴わない観光を促進することにもなるので、注意が必要だと思いますが、全体として、提起されたツールに対する阻害要因は、理解不足、技術不足、人材不足、予算不足に集約されます。しかしながら、課題解決の方向性として示されているのは、サイトの活用方法や構築方法、整備すべきシステムの具体的な内容です。観光庁が示した今後の対策も、それらに対する研修と実証実験で構成されています。

これは、ここでのテーマが「利用者の利便性向上・周遊促進」であるためであることはもちろんですが、観光DXは、旅行者の利便性や満足度を高めることから始めなければ進まないためでもあります。「鶏が先か卵が先か」のような話ですが、他産業に比べて生産性が低い観光産業は、現体制のまま利益を上げ、経営体力をつけてから顧客ニーズに応えることは難しいと言わざるをえません。当面は観光DXを進めながら収益（売上）を上げ、その中から、理解不足、技術不足、人材不足を改善するための経費を捻出するしかないと思われます。したがって、上記阻害要因を解消するための方策は、適切なサイトやシステムを活用ないしは構築することになります。

15-2 観光産業の生産性向上

柱の2番目に挙げられている「観光産業の生産性の向上」は、DXによる生産性向上を通じて、収益力強化、従業員の労働環境や待遇の改善、優れた人材による更なる生産性向上等が図られている状態を将来ビジョンに定めています（**図15-2**）。本項目の課題は、1生産性の低い経営と業務、2低い投資余力と投資意識、3改善が必要な労働環境と待遇、ですが、主な検討は1に対してなされています。また、全体を通じて、宿泊事業者を対象にしています。これは、宿泊事業者のデータを共有することで、非宿泊事業者のデジタル化、観光関連事業者間でのデジタル連携を促進するという流れを想定しているためと思われます。

解決ツールとして提起されているPMSは、宿泊予約や宿泊者の行動に合わせて空室や清掃活動等を調整する客室管理システムで、サイトコントローラーは自社のサイトを含めた複数サイトの情報受発信を管理するためのシステムです。また、APIは、異なるデジタルツールで作成ないしは分析したデータを相互に利用するためのプラットホームを意味します。

実務レベルでの検討が可能なテーマなだけに、阻害要因や解決の方向性は、前項よりも具体的に示されています。さらに、本項で目を惹くのは、「…、経営の現状を把握する」、「…、経営資源の適正な管理（コスト面の改善）を図る」という課題解決の方向性に対する今後の具体的な対策の一つとして、『宿泊業の高付加価値化のための経営ガイドライン』[3]に基づく登録制度への登録が推奨され、その登録数が本項のKPIに設定されている点です。観光庁は、登録のメリットを、現状を可視化できる、高付加価値化に向けた経営実践のきっかけになる、今後の補助事業における評価要素になる、としていますが、その真意は、DXの進展に必要なのは個々の事業者の積極性であり、やる気のある事業者に限定した支援を行うことでDX整備を加速化することにあると考えられます。

旅行者の利便性向上と周遊促進

将来ビジョン：

「旅行者の情報収集や予約等における不満の解消やタイムリーなレコメンド等により、旅行者の利便性向上や周遊促進を促すことで、旅の満足度向上や消費額増大が図られている」状態

課題

1 情報収集や予約等における旅行者の不満
2 周遊・消費のレコメンド不足
3 その他、現実の体験が難しい地域資源

解決ツール

1 Googleビジネスプロフィール、OTA、SNS事業者のwebsite等
地域OTA、地域EC（電子商取引）サイト、
自社サイトのUX（User Experience）化、オンライン予約・決済システム
2 デジタルサイネージ
デジタルマップ
観光アプリ
3 VR（仮想現実）、AR（拡張現実）、MR（複合現実）

阻害要因

1 事業者の知識不足、人材不足、予算不足、掲載及び更新コスト
地域サイトの認知度の低さ
決済手段の多様化、事業者の知識不足、決済手数料、入金時期の遅れ
2 人流、導入と運用コスト、リアルタイム性の維持
独自開発、運用にかかるコスト　→大手サービスとの連携が重要になる
旅行者ニーズに合わせるためには地域外情報や非観光情報との組合せが必要になる
3 導入、開発、運用費用と価格（単価）との不一致

解決の方向性

1 適切な情報を適切なサイトに掲載、オフラインとの併用
2 宿泊、交通（二次交通含む）、飲食、観光施設、アクティビティ等に関する情報発信、予約、決済機能のシームレスな提供
グローバルスタンダードを意識した地域サイトの構築、地域サイトを利用者を増やす工夫、サイトデータの活用
小規模事業者に対するサポート体制の確立、情報窓口の一元化、旅行者参加型サイトの構築、決済や購買の効率化
その時・その場所・その人に応じた情報と予約、決済、交通、チケット、マップ等の機能との組み合わせ
3 VR（仮想現実）、AR（拡張現実）、MR（複合現実）体験については、自走化の可能性、宣伝効果の見極めが必要

図 15-1　「旅行者の利便性向上と周遊促進」の課題、阻害要因、解決の方向性

資料：観光庁「観光DX推進による観光地の再生と高度化に向けて」

観光産業の生産性向上

将来ビジョン：

「観光産業における低い生産性、低い収益性、低い賃金水準かつ人手不足という負のスパイラルから脱却するため、DXによる生産性向上を通じて、収益力強化、従業員の労働環境・待遇の改善を図り、優れた人材が更なる生産性向上の取組を推進するなどの正のスパイラルへの転換が図られている」状態

課題

1 生産性の低い経営と業務
・会計業務の効率化
・予約管理と在庫管理
・事業者間連携
2 低い投資余力と投資意識
3 改善が必要な労働環境と待遇
（労働集約型産業の人的資源管理）

解決ツール

1 売上、コスト管理ツール
非接触チェックイン
ビジネスチャット
PMS（Property Management System）、サイトコントローラー、両者の併用
API（Application Programming Interface）によるデータ連携

阻害要因

1 システム導入のメリットに対する認識、理解不足
既存ツールの利用が定着、従業員ニーズに合わない等からの抵抗感
事業者間でのデータ共有の必要性、メリットに対する認識、理解不足
導入しているシステムが事業所ごとに異なる
海外のシステムと仕様が異なる
汎用性や互換性が低いシステムを導入している
手動でのデータ変換や変換ツールを開発しなければならない

解決の方向性

1 会計業務に費やしている時間、人員、費用等の見える化を図り、経営の現状を把握する
従業員のオペレーションや予約・在庫管理等の業務の効率化によって、経営資源の適正な管理（コスト面の改善）を図る
デジタルツールの導入、データに基づいた経営、データ連携による業務効率化を経営者層が理解し、従業員を納得させる
収益面の改善に取り組み、経営状況を鑑みない安価での販売を防止することで投資余力の向上を図る
業務効率化等により創出された人的資源、予算の有効活用を考える
PMS、サイトコントローラーの地域単位での活用、連携を促進する
互換性、API対応等の観点からツールの精査し、同一ツールの導入、大手OTAとの連携を検討する
統一仕様の検討にあたっては、官民による協力のもと議論を進めることが重要である

図 15-2　「観光産業の生産性向上」の課題、阻害要因、解決の方向性

資料：観光庁「観光DX推進による観光地の再生と高度化に向けて」

15-3 観光地経営の高度化

柱の3番目に挙げられている「観光地経営の高度化」は、収益等のデータに基づいて策定された経営戦略に沿って持続可能な形で観光地経営が行われている状態を将来ビジョンに定めています(**図15-3**)。また、本項目の課題は、1観光地経営を行うDMO等における観光地経営の方針策定、2観光地を「経営」するための判断材料の整理集約、3整理集約された情報を判断材料として「経営」に活用する、です。

本項は、多様なデータに対する正確な分析結果に基づいて論理的な経営方針を定めることにDXを活用するという単純な内容になっていますが、難易度は極めて高い課題です。経営者の意思が自社の文化の中で従業員に伝わり納得されていく事業所経営とは異なり、観光地経営は、仮にDMOが中心になったとしても、その意思が正確に伝わる保証はありません。様々な思いが交錯する観光地経営で説得力を有するのは、データに対する客観的な分析から論理的に導き出された結果のみです。

解決ツールとして提案されているDMPは広域かつ多様なデータを一元管理できるシステムですから、観光地経営に必要とされる分析に有用ですが、その構築には多くの費用と作業を必要とするため、なかなか導入に踏み切れないというのが実状です。しかし、広域連携DMO等が都道府県にまたがるオープンDMPを構築している場合は、観光地は大幅に費用と作業を削減することができます。例えば、東北地方では、広域連携DMOである東北観光推進機構が、『東北観光DMP』を構築しているので、同DMOに参画する自治体や事業者は、安価かつ容易にそれを利用することができます。

一例を挙げると、観光地は、自地域内での観光客の行動履歴を調べれば、それをDMPのより広域の行動履歴と比較することによって、今後の方針を定めやすくなります。全体に合わせるか差別化を進めるか、どこの流動性を高めれば周遊性を確保できるか等、「整理・集約された情報を判断材料として「経営」に活用する」(課題3)ことができるようになります。

15-4 観光デジタル人材の育成と活用

柱の4番目に挙げられている「観光デジタル人材の育成と活用」は、関係者のデジタルリテラシーが高く、仮説とデータ分析に基づいて意思決定できる人材を確保できている状態を将来ビジョンに定めています(**図15-4**)。また、本項目の課題は、1外部人材の活用が十分されていないこと、2観光デジタル人材の育成が進んでいないこと、です。DXに対応する人材の育成と活用ですから、解決ツールやそれを導入する際の阻害要因は記載されていません。

「観光DX推進のあり方に関する検討会」は、現状において、自社にDX整備のための知識や技術がないので、DXには対応できないという事業所に対しては、自社でできないのであれば、外部に委託すべきと提案しています。加えて、すでに外部委託でDX整備を進めていても、委託業者に丸投げでは、いつまでたってもシステムを自社で管理することができず、委託料が永続的に経営を圧迫することになるので、外部業者に委託する業務に自社社員も加わり、ノウハウを記録していくことで、専門的知識を自社に取り込んでいくような「活用」も必要としています。

同時に、同検討会は、自社内でDXのためのシステムを開発し、運用していくためには、自社内での人材育成をリカレント教育によって進めていく必要があると指摘しています。また、第8章のデジタル田園都市国家構想の節で触れましたが、雇用者は、既存従業員のスキルアップによって雇用を確保しつつ、デジタル化に対応する必要があります。これには、まず、経営層がDX整備の意義やそのための人材育成の必要性を認識していることが前提になります。リカレント教育は、短期的に労働生産性を低下させるので、長期的な観点から見た有用性を経営層が理解し、容認しない限り、リカレント教育は実現しないからです。各事業所のニーズや都合に合わせた実践的な教育プログラムの構築や、それに合わせた教材の開発は大学が地域連携事業の一環として行います[4)]。

観光地経営の高度化

将来ビジョン：

「収益等のデータに基づき、観光地が優先(重視)して取り組む事項が盛り込まれた経営戦略を策定した上で、持続可能な形で観光地経営が行われている」状態

課題

1 観光地経営を行うDMO等における観光地経営の方針策定
- 方針が不明瞭
- 経営人材不足
- 事例不足

2 観光地を「経営」するための判断材料の整理集約
- 経営に必要な判断材料の認知・理解不足
- 判断材料を蓄積する仕組みの構築の遅れ
- 関係者の巻き込みの遅れ

3 整理集約された情報を判断材料として「経営」に活用する

解決ツール

1 DMP（Data Management Platform）：
インターネット上に蓄積された、マーケティングに有用なさまざまなデータを一元管理できるプラットフォーム

2 CRM（Customer Relationship Management）：
顧客関係管理、顧客情報や行動履歴、顧客との関係性を管理し、顧客との良好な関係を構築・促進すること

阻害要因

1 データの確保に多くの費用、作業を要する
重要性が伝わりにくく、関係者の理解が得られない

2 知識、技術、人材不足

解決の方向性

1 短期的な視点で、デジタルツール導入計画、データに基づいた論理的な施策を策定、実行し、それを基に、中期的な視点で操作技術の向上、分析間分析の達成、変化を意識したシミュレーションを試みる　→ビジョンに向けた道筋の策定（＝戦略策定）
2 デジタル化やDXを推進するための要素が盛り込まれたデータ取得の容易化

⬇

1)活用の目的、2)目的を達成するために必要なデータ、3) 取得主体、4) 取得方法、5) PDCAサイクル実施方法
3 デジタル化が先行している事業者を中心にDMPの導入、CRMの実践に取り組む
4 施策の検証：定期的に、観光地経営の状況の可視化・分析、競合地域や市場全体との比較、経営戦略の見直しを行う

図 15-3　「観光地経営の高度化」の課題、阻害要因、解決の方向性

資料：観光庁「観光DX推進による観光地の再生と高度化に向けて」

観光デジタル人材の育成と活用

将来ビジョン：

「関係者のデジタルリテラシーが高いことに加え、仮説とデータ分析に基づいて意思決定できる人材を確保できている」状態

課題

1 外部人材の活用が十分されていないこと
- 人材活用に必要な知識と理解が不足
- 人材投資のための資金不足
- 外部から得たノウハウが蓄積されない

2 観光デジタル人材の育成が進んでいないこと
- 人材育成の意識不足
- 人材育成のための提供プログラムと現場ニーズとの乖離
- リカレント教育を受けた人材の処遇

解決ツール

未記載

阻害要因

未記載

解決の方向性

1 外部専門家の登用及びプロパー人材の採用強化
外部委託やデジタルツール導入が効果的な業務について、経営層の理解を深める
外部委託によるノウハウを蓄積する
費用面を考え、自走を前提にした外部委託を心がける
来訪者と地域の多様な関わり方も意識した外部人材の活用も検討する
外部委託とプロパー人材（新卒）雇用を併行し、ノウハウの長期活用を考える

2 産学連携の抜本強化によるリカレント教育の推進
経営層が人材育成に積極的に取り組む意識を持つことが必要
その上で、組織内・地域内全体にDXの意義等を浸透させるための意識改革に取り組む
教育プログラムや学びの機会が用意され、教材開発等の支援が行われていることが重要

図 15-4　「観光デジタル人材の育成と活用」の課題、解決の方向性

資料：観光庁「観光DX推進による観光地の再生と高度化に向けて」

《第15回　ワークシート》

1. 本講義の理解

・観光DXが旅行者の利便性や満足度を高めることから始められなければならない理由は何ですか。

・PMS(Property Management System)とは何ですか。

・観光地経営にDMPが有用な理由を100字以内で説明してください。

2. 講義内容に関する疑問

・グループ内での検討

・講師の回答

3. グループ・ディスカッションの課題「産学連携の抜本強化によるリカレント教育」

産学連携の抜本強化によるリカレント教育について話し合い、効果的なリカレント教育を実施するための方策を提案してください。

注および文献

はじめに

1）観光庁HP「ポストコロナ時代における観光人材育成ガイドライン　持続可能な観光地域づくりに向けて」
https://www.mlit.go.jp/kankocho/content/001595695.pdf（2024.1.1閲覧）

第1章　地域における観光の役割と効果

1）新村　出（1935）辞苑．博文館．
2）新村　出編（2018）広辞苑　第7版．岩波書店．
3）国土交通省HP「今後の観光政策の基本的な方向について（答申第39号）」
https://www.mlit.go.jp/singikai/unyusingikai/kankosin/kankosin39.html（2024.1.1閲覧）
4）2024年1月に世界観光機関の略称がUNWTOからUN Tourismに変更されました。
5）世界観光機関HP「Glossary of tourism terms」
https://www.unwto.org/glossary-tourism-terms（2024.3.27閲覧）
6）観光庁（2021）令和元年版観光白書（第II部すそ野が拡がる観光の経済効果）．国土交通省．
7）総務省統計局HP「統計ダッシュボード」
https://dashboard.e-stat.go.jp/（2024.1.1閲覧）

第2章　観光地経営人材育成の必要性

1）観光庁HP「観光立国推進基本計画」
https://www.mlit.go.jp/kankocho/kankorikkoku/kihonkeikaku.html（2024.3.30閲覧）
2）前掲、はじめに注1参照
3）山田浩久・岩動志乃夫・櫛引素夫・中澤信幸・初澤敏生・宮原育子・山口泰史・吉田　樹（2023）「観光の組織化」と地域構造変容のダイナミズムに基づく次世代観光戦略の構築（研究代表者：山田浩久，課題番号：18H03457）．2018～2022年度科学研究費補助金基盤研究（B）研究成果報告書，海青社．
4）観光庁HP「「観光地域づくり法人の登録制度に関するガイドライン」の一部改正について（2023.4.3付）」
https://www.mlit.go.jp/kankocho/page04_000201.html（2024.1.1閲覧）
5）大社　充（2018）DMO入門　官民連携のイノベーション．事業構想大学院大学．
6）5）に掲載されている図を筆者が一部改変しました。
7）観光庁HP「宿泊旅行統計調査」
https://www.mlit.go.jp/kankocho/siryou/toukei/shukuhakutoukei.html（2024.1.1閲覧）

第3章　地域課題と観光

注無し

第4章　観光地経営戦略の基礎的理解

1）本章は、主に、
ヘンリー ミンツバーグ・ブルース アルストランド・ジョセフ ランペル著，齋藤嘉則監訳（2012）戦略サファリ 第2版 ──戦略マネジメント・コンプリート・ガイドブック．東洋経済新報社．Henry Mintzberg, Bruce Ahlstrand, Joseph Lampel（2009）Strategy Safari: Your Complete Guide through the Wilds of Strategic Management. Pearson Education.
の内容を紹介していますが、部分的に原著（Mintzberg, H. et al., 2009）も参考にしています。
2）英語版の出典は、1）のMintzberg, H. et al.,（2009）です。日本語版はそれを筆者が和訳しました。
3）マイケル E. ポーター著，土岐　坤・中辻萬治・服部照夫訳（1982）競争の戦略．ダイヤモンド社．Porter, M. E.（1980）Competitive Strategy: Techniques for Analyzing Industries and Competitors. Free Press.
4）マイケル E. ポーター著，土岐　坤・中辻萬治・小野寺武夫訳（1985）競争優位の戦略．ダイヤモンド社．Porter, M. E.（1985）Competitive Advantage: Creating and Sustaining Superior Performance. Free Press.
5）1）の齋藤嘉則監訳（2012）に掲載されている図を転載しました。
6）Bjorkman, I.（1989）Factors Influencing Processes of Radical Change in Organizational Belief Systems. Scandinavian Journal of Management, 5-4, 251-271.

7) 6)を筆者が一部改変しました。

第5章　インバウンド旅行者の増加

1) 国土交通省HP「21世紀の国土のグランドデザイン　地域の自立の促進と美しい国土の創造」
https://www.mlit.go.jp/common/001135926.pdf (2024.1.1 閲覧)
2) 「失われた10年(Lost decade)」とは、財政破たんを改善できなかったラテンアメリカの1980年代を指す言葉でしたが、日本では、バブル崩壊後の経済の立て直しが長期化した1990年代を指します。経済政策の失敗で10年の時間を無駄にした、という意味が含まれています。
3) Smith, V. L. ed.(1989) Hosts and Guests: The Anthropology of Tourism 2nd edition. University of Pennsylvania Press.
4) 日本政府観光局HP「日本の観光統計データサイト」
https://statistics.jnto.go.jp/ (2024.1.20 閲覧)
5) 暫定値による値です。
6) 観光庁HP「「アフターコロナ時代における地域活性化と観光産業に関する検討会」最終とりまとめ」(関連データ・資料集)
https://www.mlit.go.jp/kankocho/seisaku_seido/kihonkeikaku/jizoku_kankochi/kankosangyokakushin/saiseishien/content/001483872.pdf (2024.3.25 閲覧)
7) 観光庁HP「訪日外国人消費動向調査」
https://www.mlit.go.jp/kankocho/siryou/toukei/syouhityousa.html (2024.1.1 閲覧)
8) 端数処理の関係で、合計は100.1%になります。
9) 総務省統計局HP「家計調査」
https://www.stat.go.jp/data/kakei/ (2024.1.1 閲覧)
10) 前掲、第2章注7参照
11) 山田浩久(2021) COVID-19の感染拡大が地方県の観光行動と住民生活に与えた影響に関する一考察 ――山形県を事例にして――. 季刊地理学, 73-1, 11-19.

第6章　持続可能な観光

1) 世界観光機関HP「Sustainable development」
https://www.unwto.org/sustainable-development (2024.1.1 閲覧)
2) グローバル・サステナブル・ツーリズム協議会(GSTC) HP「GSTC-D v2」(英語版)
https://www.gstcouncil.org/wp-content/uploads/GSTC-Destination-Criteria-v2.0-2022.pdf (2024.1.1 閲覧)
3) グローバル・サステナブル・ツーリズム協議会(GSTC) HP「GSTC地域基準 第2版」(日本語版)
https://www.gstcouncil.org/wp-content/uploads/GSTC-Destination-Criteria-v2.0-Japanese.pdf (2024.1.1 閲覧)
4) 観光庁HP「日本版持続可能な観光ガイドライン(全体版)」
https://www.mlit.go.jp/kankocho/content/810000951.pdf (2024.3.27 閲覧)
5) 国際連合広報センターHP「SDGsを広めたい・教えたい方のための「虎の巻」」(資料：我々の世界を変革する：持続可能な開発のための2030アジェンダ)
https://www.unic.or.jp/activities/economic_social_development/sustainable_development/2030agenda/ (2024.1.1 閲覧)
6) ストックホルム大学ストックホルム・レジリエンス・センターHP「The SDGs wedding cake」
https://www.stockholmresilience.org/research/research-news/2016-06-14-the-sdgs-wedding-cake.html
(Stockholm Resilience Centre, Stockholm University CC BY-ND 3.0.) (2024.1.1 閲覧)
7) 外務省HP「JAPAN SDGs Action Platform」
https://www.mofa.go.jp/mofaj/gaiko/oda/sdgs/statistics/goal1.html (2024.3.25 閲覧)
8) Porter, M. E. & Kramer, M. R. (2011) Creating shared value: How to reinvent capitalism - and unleash a wave of innovation and growth. Harvard Business Review (January/February), 62-77.

第7章　観光形態の多様化

1) 前掲、第1章注2)参照

2) 山田浩久(2024)観光の多様化に対する観光地の課題. 山形大学歴史・地理・人類学論集, 2, 1-11.
3) JTB総合研究所HP「この10年の旅行者および旅行のあり方の変化について ～JTB総合研究所10周年によせて～」
https://www.tourism.jp/tourism-database/column/2022/06/shift-in-tourism/ (2024.1.1 閲覧)
4) 3)に掲載されている図を筆者が一部改変しました。
5) 価値要素に関する議論は、
デービット・アレン・アーカ著, 陶山計介・中田善啓・尾崎久仁博・小林哲訳(1994)ブランド・エクイティ戦略：競争優位をつくりだす名前, シンボル, スローガン. ダイヤモンド社. Aaker, D. A. (1991) Managing Brand Equity: Capitalizing on the Value of a Brand Name, Free Press.
がブランド論を提起した1990年代以降活発化し、ブランド・エクイティ戦略の基礎になっていますが、ここでは、価値創出の多様化という観点から価値要素ピラミッドを紹介しています。
6) 株式会社日本マーケティング研究所HP「JMRマーケティング提言」
https://www.jmr-g.co.jp/teigen/index.html (2024.1.1 閲覧)

第8章 観光行政

1) 北川忠明・山田浩久編著(2013)地方都市の持続可能な発展を目指して. 山形大学出版会.
2) 1)に掲載されている図を筆者が一部改変しました。
3) 内閣府地方創生推進事務局HP「「まち・ひと・しごと創生総合戦略2015 改訂版」の全体像」
https://www.chisou.go.jp/sousei/info/pdf/h27-12-24-siryou1.pdf (2024.1.1 閲覧)
4) 内閣官房HP「デジタル田園都市国家構想総合戦略」(概要)
https://www.cas.go.jp/jp/seisaku/digital_denen/pdf/20221223_gaiyou.pdf (2024.1.1 閲覧)

第9章 観光関連法規

1) 第4次計画は、COVID-19のパンデミックのため策定が遅れ、3か年計画になりました。
2) 梅川智也・原 重一(1997)総合保養地域整備法(リゾート法)の成立とその後の展開. 都市計画論文集, 32, 265-270.

第10章 マーケティング・ミックス

1) McCarthy, E. J.(1960) Basic marketing: a managerial approach. Richard D. Irwin.
2) Lauterborn, B.(1990) New Marketing Litany: Four Ps Passé: C-Words Take Over. Advertising Age, 61(41), 26.
3) 清水公一(1973)広告媒体モデルにおける露出処理の開発. 1972年度早稲田大学商学研究科修士論文.
4) 清水公一(1981)コ・マーケティングにおける広告、CI等の位置づけ. 日経広告研究所報, Vol.80. 15-5, 16-23, 日経広告研究所.
5) 清水公一HP「Co-marketing, Marketing mix, 7Cs Compass Model」
https://kshimizujosai.wixsite.com/mysite (2024.1.1 閲覧)
6) Kotler, P., Kartajaya, H., Setiawan, I.(2023) Marketing 6.0: The Future Is Immersive. John Wiley & Sons.
Kotler, P., Kartajaya, H., Setiawan, I.(2021) Marketing 5.0: Technology for Humanity. John Wiley & Sons.
Kotler, P., Kartajaya, H., Setiawan, I.(2016) Marketing 4.0: Moving from Traditional to Digital. John Wiley & Sons.
Kotler, P., Kartajaya, H., Setiawan, I.(2010) Marketing 3.0: From Products to Customers to the Human Spirit. John Wiley & Sons.
7) ここでは、社会の変化を特に加味したマーケティングとして、「メタ・マーケティング」という用語を使用しました。
8) 6)のKotler, P et al. (2021)に掲載されている図を筆者が同(2023)を参考に改変しました。

第11章 マーケティング分析

1) 山形大学人文社会科学部では、2017年度から7年間に渡り、日本観光振興協会からの支援を得て、寄付講座を開講しました。

第12章　プレイス・マーケティング

1）Tuan, Yi-fu(1977)Space and Place: The Perspective of Experience. University of Minnesota Press.
2）Relph, E.(1976)Place and Placelessness. Pion.
3）山田浩久(2024)観光地経営のためのプレイス・マーケティング．山形大学紀要(社会科学)，54-2，1-11.
4）Porter, M. E.(1985). Competitive Advantage. Free Press.
5）4)に掲載されている図に筆者が加筆しました。
6）Kotler, P., Haider, D. H., Rein, I.(1993)Marketing Places : Attracting Investment, Industry, and Tourism to Cities, States, and Nations. Free Press.

第13章　プレイス・プロモーション

1）JR 東日本HP「「山形デスティネーションキャンペーン」の開催について」
https://www.jreast.co.jp/press/2014/20140515.pdf　(2024.1.1 閲覧)
2）山形フィルム・コミッションHP「山形FCの紹介」
https://www.fc-yamagata.jp/about/ (2024.1.1 閲覧)
3）前掲、第10章注7参照

第14章　観光イノベーション

1）ヨーゼフ A. シュンペーター著，八木紀一郎・荒木詳二訳(2020)シュンペーター経済発展の理論．日経BP. Schumpeter, J. A. (1911) Theorie der wirtschaftlichen Entwicklung. 原著の発行年は、訳者の意見に従い、1911年としました。
2）クレイトン・クリステンセン著，玉田俊平太監修・伊豆原弓訳(2001)イノベーションのジレンマ　──技術革新が巨大企業を滅ぼすとき──　増補改訂版．翔泳社．Christensen, C. M.(1997) The Innovator's Dilemma: When New Technologies Cause Great Firms to Fail. Harvard Business School Press.
3）観光庁(2011)観光産業イノベーション推進ガイド 旅館・ホテル・地域から始める変革．観光庁.
4）(社)八戸観光コンベンション協会(2008)はちのへ「朝めし」「朝ぶろ」乗合タクシー“八戸あさぐる”．総合交通メールマガジン，第6号，国土交通省.
https://www.mlit.go.jp/seisakutokatsu/soukou/soukou-magazine/hachinohe-aomori0812.pdf (2024.1.1 閲覧)
5）JR東日本HP「ありがとう　とれいゆ　つばさ」
https://www.jreast.co.jp/sendai/thankyou_toreiyu/ (2024.1.1 閲覧)
6）AUBA HP「ドラぷらイノベーションラボ E-NEXCO OPEN INNOVATION PROGRAM 2023」
https://eiicon.net/about/e-nexco-accelerator2023/ (2024.1.1 閲覧)
7）NEXCO東日本HP「アクセラレータープログラム『ドラぷらイノベーションラボ』第Ⅱ期採択企業7社決定」
https://www.e-nexco.co.jp/pressroom/head_office/2023/0125/00012219.html (2024.1.1 閲覧)

第15章　観光DX

1）観光庁HP「観光DX推進のあり方に関する検討会」
https://www.mlit.go.jp/kankocho/iinkai/kanko_dx.html (2024.1.1 閲覧)
2）観光庁HP「観光DX推進による観光地の再生と高度化に向けて(最終とりまとめ)」
https://www.mlit.go.jp/kankocho/seisaku_seido/kihonkeikaku/jizoku_kankochi/kanko-dx/content/001596701.pdf (2024.3.26 閲覧)。
3）観光庁HP「宿泊業の高付加価値化のための経営ガイドライン」
https://www.mlit.go.jp/kankocho/content/810004233.pdf (2024.1.1 閲覧)
4）大学の地域連携事業については、観光に言及するものではありませんが、
山田浩久編著(2019)地域連携活動の実践 ～大学から発信する地方創生～．海青社.
にまとめてあります。

索　　引

な 行

は 行

ま 行

ら 行

おわりに

筆者が籍を置く山形大学人文社会科学部は、2017年度から2023年度まで、日本観光振興協会様からの支援を受け、「ツーリズム産業論」と題する寄付講座を開講させて頂きました。7年間の累計受講者数は563名に達し、1年度当たりの平均受講者数は約80名になります。本学部の入学定員は290名(2024年度入試)なので、本講義を全学年の7％程度の学生が毎年度受講したことになります。必修等の受講指示が無い自由選択科目で、この受講率は人文科学系の学生も在籍する本学部においては極めて高い値だったと言えます。さらに、同寄付講座の世話人を務めた筆者は、併せて、高年次学生対象の「観光学」を学部正規科目として開講しました。

「観光学」では、毎年、初回のガイダンスで「観光学という学問分野は無い」と紹介しています。観光という行為自体が多様化し、観光業という産業区分も無い中で、旅行に関わる産業全般を観光(関連)産業と呼んでいる状況において、「観光」の一般理論を構築するのは、変数が確定しないまま、多元連立方程式を立て、その解を求めるようなものです。しかしながら、国内でモノを作り出すことができなくなりつつある日本において、人や物の地理的な交流から生み出される満足とその対価で経済を動かすことが重要になってきていることは明白です。我々は、「観光」の一般理論を構築するのではなく、地理学で言うところの「地域特性」に価値を見出し、法学、経済学、経営学、政治学、社会学等、あらゆる社会科学の知見を用いて、地域全体で「地域特性」を売り捌く方法を考えるために「観光学」を学ぶ必要があります。

筆者は、上に述べたことが、「観光学」という講義を、観光学部や観光学科で提供されるカリキュラムに組み込まれる科目の一つではなく、地方大学の総合学部で各論系科目の一つとして開講する意味と意義だと思っています。そして、こうした大学教育で得られた「気づき」をリカレント教育に還元していくことが地方大学の地域貢献だと考えています。このような考えに至る契機になったのが「ツーリズム産業論」の企画、実践でした。また、同講座でご講演頂いた演者は延べ91名に上りますが、ご登壇をお願いする際に講座の趣旨を説明すると、多くの方々から、自組織(自社)の職員(社員)に受講させたいというお言葉を頂きました。本書の執筆はそうしたお言葉から想起されたものであり、それらを糧に本書を書き切ることができました。

日本観光振興協会様からの支援は、「ツーリズム産業論」の開講はもちろんのこと、「観光学」の開講、筆者自身の観光に関する理解等、様々な変革をもたらしました。特に、同協会の廣岡伸雄様には、最終年度の取組はもちろん、終了後の展開方法についても多くのご助言を賜りました。また、各業界のトップでご活躍されている方々のご講演からは多くの知見を得ることができました。学生に課したレポートは、筆者が講義に同席し、その内容を把握した上で採点したので、その都度、彼らの視点や関心に触れることができ、本書を書く際の参考になりました。学生諸君の奮闘も含め、ここに記して厚く感謝の意を表します。

最後になりましたが、本書の出版を快く承諾して頂き、書籍としてまとめて頂いた海青社の宮内久会長、田村由記子社長、担当の福井将人氏に厚く感謝の意を申し上げます。

2024年3月1日

山田 浩久

● 執筆者紹介

山田 浩久（やまだ ひろひさ）

1964年兵庫県生まれ。1994年東北大学大学院理学研究科博士課程後期単位取得退学、1997年博士（理）取得。山形大学人文社会科学部教授。専門は、都市計画、都市地理学。都市計画、地理学、地誌学、観光学等を担当。主な著書に、『地価変動のダイナミズム』（単著、大明堂、1999年）、『地域連携活動の実践――大学から発信する地方創生――』（編著、海青社、2019年）、『地図でみる山形――市街地に刻まれた出羽の歴史――』（編著、海青社、2021年）。

Handbook for Human Resource Development for Tourism Destination Management: Theory Edition
Minimal theories that must be understood.
by Hirohisa YAMADA

カンコウチケイエイジンザイイクセイハンドブック リロンヘン

観光地経営人材育成ハンドブック・理論編
観光地を経営するためにまず理解すべきこと

本書web

発行日 ――― 2024年5月30日 初版第1刷
定　価 ――― カバーに表示してあります。
著　者 ――― 山田 浩久
発行者 ――― 田村 由記子

〒520-0026 滋賀県大津市桜野町1-20-21
Tel.077-502-0874 Fax.077-502-0418
https://www.kaiseisha-press.ne.jp

● ISBN978-4-86099-427-3 C0063 ● Printed in Japan ● 乱丁落丁はお取り替えいたします。

● 本書に関する情報や正誤表などは本書webサイト（QRコードからアクセス可）をご参照ください。
● 本書中で図タイトルに注記が付されてない図は、筆者が本書のために作成しました。